KNAUR

MIMI FIEDLER

EIGENTLICH WOLLTE ICH MICH SELBST ENTFALTEN

*Für ein Happy End
ist es nie zu spät*

Besuchen Sie uns im Internet:
www.knaur.de

Originalausgabe Februar 2020
© 2020 Knaur Verlag
Ein Imprint der Verlagsgruppe
Droemer Knaur GmbH & Co. KG, München
Alle Rechte vorbehalten. Das Werk darf – auch teilweise – nur mit
Genehmigung des Verlags wiedergegeben werden.
Redaktion: Harriet Dreier
Lektorat: Christiane Bernhardt
Covergestaltung: © www.lilliflux.de / M. Memminger
Coverabbildung: Christoph Kassette
Libelle: iStock / Getty Images Plus / Inna Sinano
Satz: Adobe InDesign im Verlag
Druck und Bindung: CPI books GmbH, Leck
ISBN 978-3-426-79048-9

2   4   5   3   1

Für
Otto, Janina, Ana, Leon, Luis, Luna und Ava.
Ich liebe euch über alles.

Bedauernswert ist die Frau,
die nichts zu bereuen hat.

Jeanne Moreau

Inhalt

Vorspann
Wie jede Blüte welkt
und jede Jugend   11

Black Widow   19
Haarige Zeiten   30
Botox fährt Bus   38
Das Ungeheuer von Loch Ness   47
Der Froschkönig   54
Auf Messers Schneide   65
In jeder Elite eine Niete   75
Oh Schreck, ein Fleck   86
Ich & ich   96
Oopsy-Daisy   110
Medium rare   123
Nivea und Hans Rosenthal   135
Vagiblues   144
Oktoberfest im Aufzug   154
Ich bin schön   164
Das blaue Wunder   171
Mit dem Dritten sieht man besser   179

P. S.
Und jedem Anfang
wohnt ein Zauber inne   189

Dank   199

VORSPANN

Wie jede Blüte welkt und jede Jugend

Kürzlich saß ich an einem Filmset und plauderte in der Pause mit einer Kollegin über die Dinge, die bei uns so anstünden, und ich erzählte von diesem Buch. Sie starrte mich kurz an und fragte dann, warum um Himmels willen ausgerechnet *ich* dieses Buch schreiben wolle. »Du schreibst über dein schlechtes Bindegewebe?«, hakte sie nach. Sie sähe davon nichts bei mir. Ich hätte nun wirklich keinen Grund zur Klage. An mir sei doch alles perfekt. Ich sähe toll aus und ich hätte den richtigen Mann gefunden und eine tolle Familie und Kinder und sei doch auch ohne finanzielle Sorgen: »Du hast einen Fernsehproduzenten geheiratet, Mimi. Du hast ja jetzt wohl ausgesorgt! An deiner Stelle würde ich im Spa sitzen anstatt am Set. Und was interessiert dich denn überhaupt noch dein Bindegewebe? Außerdem siehst du wirklich nicht danach aus, als hättest du Ahnung von den Problemen normaler Frauen.«

Ich war sprachlos. Und sie auch. Weil sie etwas laut ausgesprochen hatte, was sie eigentlich nur leise denken wollte.

»Was hat mein Fernsehproduzent mit dem Zustand meines Körpers zu tun?«, wollte ich wissen, als ich mich gesammelt hatte. »Was ist das für eine blöde Aussage? Dass Frauen, die vermeintlich ›einflussreich‹ geheiratet haben, sich nie mehr über irgendetwas Gedanken machen müssen, ist doch total Achtziger. Das gab's nicht mal im Denver Clan. Solche Vorurteile sind so überflüssig wie Schulterpolster!« Sie schwieg und pulte an ihren Fingernägeln. Ich redete mich in Rage.

»Und außerdem bin ich nicht Melania Trump und habe schon vor meiner Ehe eine eigene Karriere und welliges Bindegewebe gehabt, und dass Frauen heutzutage so was überhaupt noch über andere Frauen denken, sorry, aber das ist doch voll für die Tonne!«

Ich konnte gar nicht mehr aufhören, so sauer war ich. »Ich kann so was echt nicht ab, schon mal was von »Never judge a book by its cover« gehört oder von Emanzipation? Und im Handbuch der Emanzipation steht sicher nicht drin, dass schlechtes Bindegewebe durch Fernsehproduzentenheirat verschwindet.«

Meine Kollegin schwieg immer noch, pulte weiter an ihren Fingernägeln und sagte dann: »*Ich* habe welliges Bindegewebe, und du, Mimi, du hast einfach immer nur GLÜCK im Leben.«

Dann fing sie an zu heulen. Sie war offensichtlich gerade ziemlich unglücklich.

Da saß ich also. Mit einer heulenden Kollegin. Meinem und ihrem welligen Bindegewebe und sah nur eine einzige Möglichkeit zur Linderung ihres Kummers. Ich zog mich aus. Mitten am Filmset. Bis auf die Unterwäsche. Und stellte mich wie bei einer Viehschau vor sie hin und drehte mich langsam.

»Und?«, fragte ich.

»Wow!«, sagte sie beeindruckt. »Das ist ja bei dir schlimmer als bei mir. Und bei mir ist es schon schlimm.«

In mir kam kurz das tiefe Bedürfnis auf, ihr jetzt einfach

richtig eine zu klatschen. Ich empfahl ihr aber stattdessen, mal über Taktgefühl und zwischenmenschliche Kommunikation nachzudenken. Immerhin heulte sie nicht mehr.

»Und *so* hast du diesen Mann bekommen?« Ich schaute sie mit hochgezogenen Augenbrauen an, zog mir das Kleid wieder über, setzte mich neben sie und tätschelte ihr den Arm.

Wir saßen eine Weile schweigend nebeneinander, und irgendwann sagte ich: »Kaffee? Ich hole uns einen.« Ich hörte nur noch ihr »Für mich bitte einen Kamillentee! Kaffee übersäuert, du solltest besser auch keinen trinken!« in meinem Rücken.

Die Begegnung mit meiner Kollegin hat mich noch eine Weile beschäftigt. Wie oft erwische ich mich selbst dabei, in Klischees zu denken. Dabei wissen wir doch eigentlich nichts über das wirkliche Leben eines anderen Menschen. Wir sehen meist nur das, was wir sehen wollen. Oder das, was die oder der andere uns zeigen will.

Und deswegen möchte ich hier gleich mal etwas klarstellen:

Ich bin eine ganz normale Frau.

Wie alle anderen Frauen auch. Überhaupt frage ich mich, wann man als normal gilt und ab wann man von der Norm abweicht. Und wer bestimmt eigentlich dieses »Normal«?

Wie alle normalen und unnormalen Frauen hatte auch ich ständig etwas an mir auszusetzen. Die Beine zu dick, die Knie zu knubbelig, die Haut zu schlaff, der Bauch zu kugelig, die Haare zu glatt ... Die Liste war endlos.

Und leider gehöre ich auch nicht zu den Menschen, die Älterwerden super finden. Ich altere nicht in Würde und mag den äußeren Alterungsprozess auch nicht gerade sonderlich. Den inneren Alterungsprozess dagegen finde ich super. Aber wie ungerecht ist das, bitte?

Da wird man im Alter immer cooler, so von innen, es geht einem eigentlich sehr viel am Allerwertesten vorbei, was früher noch superwichtig war. Und anstatt dass man für seine Lebensleistungen, für das, was man bis dahin erreicht hat, belohnt wird: welkt man. Wie eine oll gewordene Schnittblume.

Aber – wie bei allem im Leben – ist auch das Thema »Altern« schlicht und ergreifend eine Einstellungssache. Die Amerikaner zum Beispiel haben »über« als deutsches Modewort entdeckt und benutzen es im Sinne von »mega«. Demnach wäre ich jetzt mega 40, und das klingt doch gleich viel besser. Oder ich sehe mein Alter als Level. So eine 25-Jährige ist erst auf Level 25. Ich dagegen bin schon auf Level 44!

Eigentlich ist das doch traurig, dass ich mir darüber überhaupt je Gedanken gemacht habe, oder? Aber ich bin in bester Gesellschaft: Laut einer Studie halten sich nämlich nur vier Prozent aller Frauen für schön. Das muss man sich mal vorstellen! Nur vier Prozent! Bei Männern dürfte die Quote ganz anders ausfallen. Die sind mit sich und der Welt meist voll und ganz zufrieden. Also körperlich gesehen. Ich habe jedenfalls noch nie gehört, dass sich einer über sein schwaches Bindegewebe beschwert hat.

Ich erinnere mich noch daran, ich war zwölf Jahre alt, wie ich mit meinen Eltern in den Sommerferien wieder einmal Urlaub in unserer kroatischen Heimat gemacht habe. In Makarska am Strand flanierte ein Mittsechziger an den Liegestühlen vorbei. Immer wieder, rauf und runter. Er war nicht besonders groß und hatte einen so dicken Bauch, als wäre er im neunten Monat schwanger mit Zwillingen. Er sah aus, als würde er irgendwann einfach nach vorne kippen und mit dem Gesicht in den Kieselsteinchen landen. Auf den Schultern wuchsen ihm die Haare wie Epauletten an einer Uniform, und auch der Rücken war komplett behaart. Mehrere okkulte Ketten baumelten über seinem grauen Brusthaartoupet, kleiner Jesus, großer Jesus, mittelgroßer Jesus und ein paar Heilige, alle in Gold selbstverständlich, und sein bestes Stück hatte er in eine Art Balkan-Tanga geklemmt. Balkan-Tangas sind Badehosen mit wenig Stoff, dafür aber mit viel Muster. Wie ein Gockel wackelte er in der prallen Sonne an den Liegestühlen und den Frauen, die darin lagen, vorbei. Er hielt sich sichtlich für einen richtig geilen Typen. Ich war mit meinen zwölf Jahren fassungslos ob so viel Eigenliebe und starrte ihn an. Der Rest der Ladies ignorierte ihn natürlich – denen war der Gockel völlig schnuppe.

Dankbar für meine Aufmerksamkeit zwinkerte er mir zu und entblößte dabei einen fehlenden Schneidezahn.

Die meisten Frauen, die ich kenne – mich eingeschlossen – würden ohne Schneidezahn nie mehr den Mund aufmachen oder, so wie Marlene Dietrich, einfach nicht mehr das Haus verlassen. Badeurlaub klingt für die meisten von uns eher nach Drohung als nach Verheißung und bedeutet: Wir beginnen hysterisch eine Blitzdiät, lassen unsere Bikinizone waxen, Nägel und Wimpern ankleben, kaufen tonnenweise »S.O.S.«-Beautyprodukte in der Parfümerie und neue Bademode mit einem passenden Pareo für den Gang ans Wasser und zwanzig neue Maxi-Strandkleider für die Bar, obwohl der Schrank längst überquillt von all dem Kram. Aber in den letzten Sommerferien waren wir eben mit unserem »Look« nicht so zufrieden – in Wahrheit passt selbst der Pareo vom letzten Jahr einfach nur nicht mehr. Aber das geben wir natürlich nicht zu. Doch auch ein neues Outfit beschert uns kein neues Ich mit mehr Selbstvertrauen. Wir tragen alberne XXL-Sommerhüte und Sonnenbrillen Modell »Puck, die Stubenfliege«, sodass wir mit dem guten Gefühl, inkognito zu reisen, am Strand flanieren können.

Eine Frau, die da anders ist, ist meine Mutter. Sie sagt heute noch über sich selbst, dass sie eine Granate sei. Sie würde sich lieben. Richtig verknallt sei sie in sich. So, wie sie ist, basta! Und egal, wie dick oder dünn sie gerade ist, sie legt sich breitbeinig an den dalmatinischen Strand, ins flache Wasser selbstverständlich, damit sie auch ja genug Abkühlung bekommt. Sie schert sich null Komma null darum, ob die Liegeposition auf einem Foto gut ausschauen könnte. Einmal lag sie da wie ein gestrandeter Blauwal, von Wellen umspült. Wir hatten Sorge, dass gleich Greenpeace käme, sie in feuchte Tücher wickeln und versuchen würde, sie ins Meer zurückzuziehen.

Am Abend war sie knallrot wie eine Languste und total glücklich. Sie stand vor dem Spiegel und begutachtete sich. Ich fragte vorsichtig nach, ob sie okay sei und sich gut fühle, und sie flötete mir in ihrem grellbunten Walla-Walla-Kleid zu, sie sei superokay, knallerokay, sie sei nie okayer gewesen.

Und da war es, dieses »Scheiß-egal-Syndrom«, das wahrscheinlich alle Frauen ihrer Generation und in ihrem Alter haben. Und irgendwann habe ich geschnallt, dass genau das der Schlüssel zur Entfaltung ist und dazu, Frieden mit sich selbst zu schließen. Aber bis ich den Schlüssel und den Weg zu mir selbst gefunden hatte, bin ich ein paar Irrwege gegangen. Am Ende bin ich aber genau da angekommen, wo ich immer schon hinwollte. Und wie das war, erzähle ich Ihnen jetzt einfach.

Aber eines verrate ich Ihnen schon mal: Meinen Fernsehproduzenten juckt es nicht, wie viel ich auf der Hüfte habe. Oder ob die Haut wellig ist, die Knie zu knubbelig. Ihn interessiert nur ein einziges Organ. Und das ist mein Herz. Das findet er nämlich richtig, richtig schön. Und weil er das so schön findet, ist alles, was sich drum herum befindet, automatisch auch schön.

Hat sich das Universum doch total schlau ausgedacht, oder? Halten Sie unbedingt Ausschau nach genau so einem Menschen. Und geben Sie sich nie mit weniger zufrieden. Weil Sie genauso sind wie meine Mutter. Oder wie ich: KNALLEROKAY.

Black Widow

Für eine einfache Wahrheit braucht es keine empirischen Untersuchungen: Junge Männer wollen Sex mit jungen Frauen. Und ältere Männer wollen ebenfalls Sex mit jungen Frauen. Aus diesem Grund musste sich meine Freundin Stella mit fünfundvierzig Jahren noch mal neu sortieren. Sie musste sozusagen ausmisten.

Ihr Mann hat sie nämlich so richtig superklischeemäßig für eine sehr viel jüngere Frau verlassen. Was er wahrscheinlich nie hätte, wenn Stella ihm nicht auf die Schliche gekommen wäre. Dabei wollte er doch nur sein Älterwerden mit einer Geliebten kompensieren, die arme Sau. Was konnte er dafür? Es war etwas Genetisches, nicht so gemeint, schon gar nicht für immer – nur für eine kleine Weile … weil ihm an Stella alles zu vertraut, zu eingespielt, zu vorhersehbar war.

Und außerdem musste so ein Mann, der in die Jahre kam, auch noch mal anderswo überprüfen, ob die Pumpe noch voll funktionsfähig und einsetzbar war. Im Grunde war das nichts anderes, als sich eine zweite ärztliche Meinung zu holen. Das war ja wohl erlaubt! Als dann alle Details der »kleinen« Affäre ans Licht kamen, war klar, dass nicht nur der Busch, sondern schon der ganze Wald brannte. Deswegen hat Stella ihren herumstreunenden Ehemann kurzerhand eines Nachts vor die Tür gesetzt. Ende. Bums aus, Micky Maus. Da der arme Kerl nicht wusste, wohin, ist er erst mal zu seiner Affäre gezogen ... und hat die sehr viel jüngere Gespielin zwischen den Umzugskartons und seinem unendlichen Leid wegen der gescheiterten Ehe aus Versehen geschwängert.

Pünktlich zur Niederkunft des Babys hatte meine Freundin sich dann scheiden lassen. Das konnte sie richtig gut, weil sie selbst eine richtig gute Anwältin war. Da hatte der arme Gatte die Rechnung ohne die Wirtin gemacht. Und am Ende war ihr Ex-Mann in spe so blank wie ein Babypopo.

Die Neue hat wahrscheinlich ziemlich dusselig aus der Babywäsche geschaut, denn sie hat natürlich gedacht, einen wohlhabenden Typen abgegriffen zu haben, deswegen – superklischeemäßig – sofort das Kind. Leider hatte auch sie sich verrechnet. Die ganze Kohle gehörte Stella, denn die hatte selbstredend einen wasserfesten Ehevertrag. Die Füchsin! Sie hat ihm, zappzarapp und ohne mit der Wimper zu zucken, alles weggenommen, bis auf das letzte Hemd und den letzten Cent. Selbst seinen geliebten Oldtimer, den sie ihm zum Fünfzigsten geschenkt hatte. Sie hat den Wagen verschrotten lassen und uns im Anschluss zu einer »Babyshower-Scheidungs-Party« eingeladen.

Ich musste richtig lachen und daran denken, wie wir zwei vor über zwanzig Jahren zusammensaßen, ich gerade frisch verheiratet, sie gerade Mutter geworden. Wie glücklich sie mit ihrem Baby und ihrem damals noch treuen Heiner war. Es war ihr egal gewesen, dass er völlig mittellos in die Ehe gekommen war und daran auch wenig zu ändern versuchte. Er war ja schließlich ein Freigeist, ein Künstler! Sie liebten sich, nur sich, und wollten keine anderen. Und das ganz bestimmt, bis dass der Tod sie scheide.

Diese Babyshower-Scheidungs-Party klang nach dem genauen Gegenteil all meiner bisherigen Trennungen, und meine Freundin schickte uns allen richtig stylishe Einladungskarten mit dem Dresscode »Black Widow«. Dazu gab sie den Hinweis, es seien auch Singlemänner an Bord und wir sollten uns gefälligst Mühe geben mit unseren Outfits.

Ich wünschte mir aber viel lieber einen Mädels-Scheidungsabend und wollte den nicht mit Vollpfosten verbringen. Auf ein Medley völlig hirnloser Singlemänner in ihren Vierzigern hatte ich so wirklich gar keine Lust – die hatte ich doch schon durchgeleiert.

Die meisten Männer, die ich gedatet hatte, waren sehr modern, also: bindungsunfähig. Sie waren ja noch so schlimm mitgenommen von ihrer letzten Beziehung und konnten sich deswegen nur auf »Friends with Benefits« einlassen. In Wahrheit bedeutete das, sie wollten sich – therapeutisch begleitet – das Hirn aus dem Leib vögeln. Und zwar nicht nur mit mir.

Die zweite Kategorie Mann war geizig, weil die Scheidung von der gemeinen Ex-Frau so teuer gewesen war.

Die schlimmsten Kandidaten jedoch litten an einem in ihrer Midlife-Crisis ausgebrochenen Mutterkomplex.

Gestört waren sie allesamt.

Wir Frauen sind da anders. Es ist einfach so! Wenn wir den Zenit der vierzig überschritten haben, wissen wir, warum wir gestört sind und was uns gestört hat, und gehen dann zu Profis, die uns wieder entstören.

Und ich wollte wirklich keine zweifelhaften Typen mehr kennenlernen, schon gar keine Ü40-Singles. Ich wollte am liebsten nur meine Freundinnen, mit denen ich bei einem

Gin Tonic den ganzen Abend ungestört über unsere Ex-Männer lästern konnte.

Aber natürlich habe ich gemacht, was Stella wollte. Weil alle machten, was Stella wollte. Und wenn auf der Einladung stand, wir sollten als Black Widow kommen, dann kam auch ich als Black Widow. Leider musste ich sehr schnell ernüchtert feststellen, dass sich meine Kleidergröße wohl über Nacht verändert hatte. Mir passte kein einziges meiner »kleinen Schwarzen« mehr. Außer einem Kleid, das ich 2009 auf der Beerdigung unseres Dorfsparkassenchefs getragen hatte. Damals war das Kleid noch ein luftiges »Hängerchen«, jetzt war es eng. Sehr eng.

Meine Mutter hatte mich damals mitgeschleift, weil man dem Mann, der uns mit guten Zinsen das Haus in Kroatien ermöglicht hatte, auf jeden Fall die letzte Ehre erweisen musste. Ein bisschen wollte sie bei dieser Gelegenheit auch mit mir im Dorf angeben: »Vom Gastarbeiterkind zum TATORT«. Eine vorbildlichere Integration gab es ja wohl nicht!

Immerhin: In das olle Kleid passte ich gerade noch so rein, sah darin aber irgendwie merkwürdig aus. Daran konnte auch der schwarze Fascinator nichts ändern, den ich mir aufgeklemmt hatte. Aber wenigstens hatte ich das Motto »Black Widow« voll erfüllt, und das war ja wohl die Hauptsache.

Aber ich hatte ordentlich mit Atemnot zu kämpfen, und zwar schon, als ich noch nicht mal zur Haustür raus war. Ich dachte mir: »Ach, egal, scheiß der Hund drauf! Dann bleib ich halt stehen, die Viertelstunde. Länger bleib ich eh nicht. Bloß nicht wieder Mittvierziger-Single-Typen! Rette sich, wer kann!«

Als ich auf der fetten Party in Stellas fettem Haus am Frankfurter Stadtrand ankam – ihr Ex wohnte nun mit Affäre und Kind auf der anderen Seite des Mains in einer bescheidenen Zweizimmerwohnung –, war die Party schon in vollem Gange.

Alle außer mir hatten das Motto »Black Widow« natürlich mit etwas mehr Verve interpretiert. War ja klar, dass ich die Einzige war, die nach Sparkassenchefbeerdigung aussah. Die anderen Ladies trugen nämlich das kurze Schwarze. Und das trugen sie sehr kurz. Sehr, sehr kurz. Mit sehr viel Glitzer und sehr hohen Schuhen sowie passenden Dessous, die an den verschiedensten Stellen hervorblitzten. Ich schaute an mir runter: Ich trug Ballerinas und – unrasierte Beine! Superschick! Ich hatte die Haare in der Früh zwar entfernt, aber die kleinen Scheißerchen schauten am Abend schon wieder aus ihren Löchern. Immerhin wirkte es auf die Ferne so, als hätte ich eine dunkle Feinstrumpfhose an. Ich hoffte nur, dass niemand von den anwesenden Typen mir zur Prüfung des Materials ans Knie grabschte. Man konnte ja nie wissen – die waren unberechenbar in dem Alter …

Ich also rein ins Gehege, Stella schon leicht betüddelt, mit zwei Gläsern Hochprozentigem auf mich zulaufend: »Miiiiiimiiiiiii, Schätziiileiiiiiin! Wie toll, dass du da bist, und du siehst – sie ging wieder einen Schritt zurück und legte ihren Kopf zur Seite – du siehst … du sieht ja lustig aus!«

Dann drückte sie mir eines der Gläser in die Hand und

sagte: »Cheers, Baby! Auf die Männer, die wir lieben, und die Penner, die wir kriegen!«

Und dann exten wir.

Sie schleifte mich ins Wohnzimmer, wobei die Bezeichnung Luxussalon die vor mir liegende Wohnlandschaft aus Designermöbeln eher traf. Überall lümmelten Jungs herum, die nicht mehr ganz taufrische Damen betatschten. »Eyes wide shut«, nur mit vertauschten Rollen. Ich erstarrte zur Salzsäule.

»Ähm ... Stella ... wer sind denn all diese ... Teenager?«

Sie lachte schrill auf, warf ihre frisch geföhnten Locken in den Nacken und sagte: »Toll, Mimi-Schatz, oder? Aber keine Angst: Von den Jungs ist keiner unter 20. Wir machen uns nicht strafbar, weißte ja, achte ich immer drauf!«

Das war ja die reinste Krabbelgruppe! Unter einer Babyshower hatte ich mir etwas anderes vorgestellt. Ich hatte nicht erwartet, dass Stella es so wörtlich meinte. Den Rest unserer Freundinnen schien es nicht zu stören, dass sie uns Frischfleisch zum Champagner kredenzte. Selbst diejenigen, die wirklich alles andere waren als Singles, genossen sichtlich den erhöhten Testosteronspiegel in Stellas Salon.

»Aha, *so* geht also ›Black Widow‹«, dachte ich verwirrt. Ursprünglich hatte ich ja gedacht, wir würden unter uns Damen ein bisschen die männermordenden Vamps spielen, wenn wir schon im echten Leben eiskalt von lustmolchigen Midlife-Wracks abserviert wurden.

Der Kreis der männlichen Kandidaten hier war deutlich

unter der großen 4 angesiedelt. Ich würde sogar behaupten, deutlich unter der 3.

Ich zog eine der anwesenden Ladies, die sich offensichtlich im völligen Glücksrausch befand und sich deswegen schon ihres Unterteils entledigt hatte, zur Seite und flüsterte ihr ins Ohr: »Sag mal, findest du es normal, dass sie diese Chippendales-Kids eingeladen hat? Aus dem Alter sind wir doch raus!«

Die Antwort war ein ausgeprägter Lachkrampf. Als sie wieder zu sich kam, sagte sie: »Ja, *du* vielleicht. Ich werde heute mindestens einen von denen so was von plattmachen!«, flötete sie. Und rauschte davon mit: »Ein bisschen Spaaaaaaß muss sein!«

Ich war durcheinander. Nannte man das heute so? »Plattmachen«? Und überhaupt, war ich denn die Einzige, die mit dieser »Bombe Surprise« nichts anfangen konnte? Okay, wenigstens waren hier keine bekloppten Männer in meinem Alter, das was ja schon mal gut.

Dennoch: Der Haufen Minderjähriger war auch nicht die Lösung. Die waren doch vor allem auf sexuelle Grundversorgung aus. Von einem Bubi, der am gesamten Körper weniger Haare besaß als ich unter einer Achsel, wollte ich erst recht nicht angefasst werden. Schon gar nicht an meinen stoppeligen Waden.

Ich fragte mich, ob meine arme Freundin vielleicht einfach etwas verstört war. Weil ihr Heiner die 25-Jährige geschwängert hatte, versuchte sie jetzt möglicherweise, ihn mit noch Jüngeren zu übertrumpfen. Während ich noch dabei war, die Situation psychologisch zu ergründen, erwischte ich mich dabei, wie ich kurz über den Zustand meiner Bikinizone nachdachte. Weiß der Geier, warum mir das durch den Kopf schoss. Pläne hatte ich jedenfalls in diesem

Moment wirklich keine ... Ich schüttelte den Kopf, über die anderen und auch über mich selbst, drehte mich um, und dann entdeckte ich ihn:

Brad Pitt.

Eindeutig! Brad Pitt! Der Brad Pitt aus »Legenden der Leidenschaft«.

Halblange blonde Haare, von der Sonne leicht ausgebleicht, Dreitagebart, muskulös, groß und ... jung. Mir fiel die Kinnlade runter. Mit offenem Mund glotzte ich ihn an.

»Lustiges Kostüm. Dachtest du, es wäre eine Kostümparty?«, sprach er mich an.

Ich kratzte mich am Fascinator und fühlte mich ein bisschen wie Bridget Jones in »Schokolade zum Frühstück«, die als Einzige im Bunny-Kostüm auf einer Party aufkreuzte. »Naja, auf der Einladung stand ›Black Widow‹ und nicht ›Half-Naked-Widow‹. Aber das ist bald sowieso egal, weil ich in ein paar Minuten eine ohnmächtige Widow bin. Mein ›lustiges Kostüm‹ ist mir nämlich viel zu eng, und deswegen wird mein Gehirn seit einer Stunde nicht mehr mit Sauerstoff versorgt.«

Brad lachte und sagte: »Nicht nur dein Kostüm ist lustig – DU bist lustig!« Ich wusste nicht, ob ich beleidigt sein sollte oder nicht, und antwortete: »Super Kompliment! Wow. Ich bin lustig. Hahaha! Wie schön! Dann macht es dir ja nix, dass ich mir heute nur einmal und nicht zweimal die Beine rasiert habe. Weil ich den Haarwuchs eines Orang-Utans habe, weißt du ... Aber du wolltest mir ja ohnehin nicht die Waden tätscheln, oder?«

Doch! Er wollte! Und was soll ich sagen … ich wollte plötzlich auch! Er gehörte zu der seltenen Sorte Mann, die Humor sexy fand. Und das wiederum fand ich sexy, einfach unwiderstehlich. Ich war so scharf auf ihn, dass ich wohl kurz vergaß, dass er halb so alt war wie ich. Wir sind dann in einem der achtzehn marmornen Badezimmer gelandet. »Scheißegal«, dachte ich, »so einen Brad Pitt findest du nie, nie, nie wieder. Muss ja keiner erfahren …«

Das Drehbuch zu »Legenden der Leidenschaft« im Kopf, war er mein Hauptdarsteller. Wenn schon, denn schon. Knutschend machten wir uns übereinander her. Dabei versuchte ich, mein zu enges Kleid hochzuschieben, damit ich meine stoppeligen Beine – die ihn aber sprichwörtlich nicht zu jucken schienen – auf Kamasutra-Niveau im 180-Grad-Winkel spreizen konnte, während ich mich lasziv nach hinten beugte. Genauso hatte ich das in einem Erotikfilm gesehen und wollte es schon immer mal nachmachen: und heute war die Nacht der Nächte. Doch dann war ein deutliches »Ratsch« zu hören, und plötzlich platzte *meine* Black Widow unter dem Kleid heraus.

Wir starrten beide auf meine Bikinizone, wo die Haare völlig durchgedreht an den Rändern meines Slips rausglotzten, als wären sie Groupies und wollten jetzt auch alle unbedingt einmal Brad Pitt sehen.

Da standen wir nun, der arme Junge, meine Black Widow und ich. Und damit ich möglichst in Würde wieder aus der Nummer rauskam, erklärte ich ihm, dass das ein Teil meines Kostüms sei. Das sei gar nicht echt, aber echt gut angeklebt. »Hier, zieh mal dran!« Da Brad keine Anstalten machte, das in die Tat umzusetzen, sagte ich's noch mal: »Jetzt zieh halt mal dran! Tristan aus ›Legenden der Leidenschaft‹ ist schließlich auch im Kampf gegen einen Grizzlybär im Wald gestorben, da musst du dich jetzt nicht so anstellen!«

Da machte sich völlige Verstörung auf seinem Gesicht breit. Mittlerweile war ich selbst verstört und schob nach: »Jetzt mal ohne Scheiß! Stört dich echt das bisschen Haar? Kommt doch auf die Performance an. Stimmt doch, oder nicht?«

»Schon gut, lass mal stecken«, winkte Brad ab. Und da ich einfach nicht ich wäre, wäre mir die Situation nicht völlig entglitten, setzte ich meinem Erotikabend noch die Krone auf: »Aber da steckt doch noch gar nichts!«

Ich habe mich dann mit aufgeplatztem Kleid und durchgedrehter Intimbehaarung mit einem Handschlag zügig von ihm verabschiedet. Irgendwie hatte ich das Gefühl, dass er auf jede weitere körperliche Nähe lieber verzichten wollte.

Als ich die Party durch die Hintertür verließ, dachte ich mir, wie schön eigentlich mein Scheidungsabschiedsessen mit meinem Ex gewesen war. Kurzer Prozess, ohne so 'ne bescheuerte Mottoparty. Ohne Angst haben zu müssen, unrasiert auf die Junior-Chippendales zu treffen. Ich war bedient, und bei mir ging erst mal nix mehr.

Meine Freundin Stella dagegen »ging« mit Brian. Brian war Brads Kumpel, knackige vierundzwanzig, mit eigener Autowerkstatt. Er schraubte abwechselnd an seinen Autos und an Stella rum.

Stella meinte, eigentlich sei alles wie früher. Sie verdiene die Kohle, und er gebe sie aus. Dafür lege der Neue sie in hoher Frequenz flach und sehe dabei sehr viel besser aus als Heiner.

Ich wusste nicht so recht, ob ich sie beneiden oder bemitleiden sollte. Ich hatte irgendwie nicht so viel Lust, mich in ungemütlichen Stellungen zu verrenken und mir den Rock zerreißen oder mich ans Bett fesseln zu lassen. So ein junger Lover würde mich permanent stressen. Das ständige Kaschieren meiner Problemzonen wäre mir viel zu anstrengend. Meine Haut wurde nämlich, anders als bei dem jungen Hüpfer, schon ein paar Jahre länger benutzt, und das sah man ihr natürlich an.

Und auch wenn ich meiner Freundin ihren juvenilen Geschlechtsverkehr von Herzen gönnte, hätte ich nicht mit ihr tauschen wollen. Die Black Widow wollte ich trotzdem so schnell wie möglich loswerden. Nach der Geschichte mit Brad hatte es sich endgültig ausgewidowt!

Haarige Zeiten

Meine Mutter erzählt heute noch bei jeder Familienfeier, dass sie während der gesamten Zeit, in der sie mit mir schwanger war, nichts anderes als Zitronen und Fleisch gegessen habe. In Kroatien glaubt man nämlich, wenn man in der Schwangerschaft viele Zitronen äße, dann bekäme der Junge viele Haare und sie fielen ihm im Alter auch nicht aus. Leider bin ich ein Mädchen geworden und war bei der Geburt schon so behaart, dass meine Familie dachte, meine Mutter habe einen kleinen Orang-Utan zur Welt gebracht. Ich hatte sogar behaarte Wangen. Und keines meiner Haare ist mir je ausgefallen. Jedenfalls nicht von alleine.

Die ersten Haare waren wie dunkle Vorboten einer haarigen Zeit. Dass sie sich tatsächlich zu einem ziemlichen Problem auswachsen würden, erfuhr ich schmerzlich im zartpubertären Alter von vierzehn Jahren, als mein Jugendschwarm Jean-Baptiste mich darüber aufklärte, dass meine Körperbehaarung anders sei als bei den anderen Kindern ... Er war Austauschschüler aus dem elegant klingenden Villebon-sur-Yvette, hatte hellblondes, lockiges Kopfhaar, war süß, charmant, von allen Mädchen begehrt und am Körper völlig unbehaart. Ich hingegen stammte aus einem kleinen jugoslawischen Dorf ohne fließend Wasser und mit Plumpsklos, hatte üppiges schwarzes Haar, und zwar überall am Körper.

Er war der blonde Mathieu aus »La Boum«, und ich wollte unbedingt seine Vic sein. Immerhin: dunkelhaarig war ich. Wagemutig beschloss ich, auf der Abschiedsfeier für unsere Franzosen eine Darbietung von »Dreams are my Reality« zu geben, um den Traum wahr werden zu lassen.

Mit neonfarbenem Stretchkleid und hochtoupiertem Haar stand ich auf der Schulbühne und absolvierte den Auftritt meines Lebens. Der ganze Saal johlte, als ich von der Rampe stieg, umzingelt von meinen plappernden Freundinnen. Dann sah ich ihn auf mich zukommen – es war genau wie in dem Film: Er blieb direkt vor mir stehen, und ich wusste: JETZT wird er mich küssen! Vor allen! Ich schloss die Augen, beugte mich vor und hielt ihm meine pink angemalten Lippen entgegen.

Ich spürte etwas. Nur eben nicht seinen Mund auf meinem. Er zog an meinen Armhaaren. Er zog sehr fest an meinen Armhaaren und sagte:

»Tu ressembles à un singe. Je n'ai jamais vu une fille aussi poilue!«

Seine Freunde fingen an zu lachen, und meine Freundin Resi zischte durch ihre Zahnspange: »Er hat gesagt, du siehst, du siehst aus, also du siehst aus wie ein Affe!« Ich erstarrte und blickte auf meine Arme. Sie fügte der Ordnung halber noch den Rest seines Satzes hinzu: Und dass er noch nie ein Mädchen gesehen habe, das so behaart sei.

Wie ein AFFE? So hatte ich mir meinen ersten Kuss nun wirklich nicht vorgestellt. Aber einmal Orang-Utan, immer Orang-Utan. Alles starrte mich an, und ich hätte ohne Probleme Eintritt verlangen können: »Willkommen im Zoo! Halten Sie bitte Abstand von unseren wilden Tieren!«

So läutete ein französischer Austauschschüler eine neue Epoche in meinem Leben ein, die ein Problem mit sich brachte, über das ich lange nicht hinwegkommen sollte. Nämlich das Bewusstsein darüber, dass ich ein stark behaartes Menschenweibchen war. Und wer wollte bei all den Bildern von samtweicher Pfirsichhaut, bei all den glatten Model- und Schauspielerinnenkörpern schon ein stark behaarter weiblicher Mensch sein? Also ich sicher nicht!

Aber betrachten wir die Misere auch mal von der anderen Seite: Es wird vieles weniger mit den Jahren. Die Haut ist weniger straff, der Stoffwechsel weniger aktiv, und noch schlimmer: Die Bauarbeiter pfeifen einem weniger hinterher. Und dann ist eh alles vorbei. Dann weiß man, dass auch die allerletzte Eizelle nicht mehr springt. Bauarbeiter riechen so was. Adios, Jugend!

Deswegen hätte ich mich eigentlich freuen können, denn zumindest das eine würde mir erhalten bleiben: der ungebremste Haarwuchs. Irgendwann, davon ahnte mein vierzehnjähriges Ich Gott sei Dank noch nichts, würden sich zu den Haaren an den Waden und unter den Achseln auch noch Haare an den Zehen und den Fingern dazugesellen. Ich fand sogar Haare auf dem Bauch, sie vermehrten sich an der Oberlippe und am Kinn, und, als i-Tüpfelchen meines Körperfells, auch auf meiner Nasenspitze. Denn genau dort entdeckte ich irgendwann eine kleine Borste. Einen Irokesen, mitten auf meiner Nasenspitze.

Auch aus meiner Bikinizone ließ sich jeder Look zaubern. Brazilian Cut, Blümchen, Bermudadreieck, Peace-Zeichen oder Stoppschild? Kein Problem! Ich konnte mich kaum entscheiden. Aber das musste ich ja auch gar nicht, ich konnte die Frisur einfach schnell umstylen. Morgens abrasiert, waren die rabenschwarzen Haare genau zwei Stunden später wieder da. Bei genauer Betrachtung sah man sogar, wie sie sich zu viert aus einem Loch quetschten. Irgendwann war ihnen wohl ein Haarloch nicht mehr eng genug ...

Wenn ich mich so gelassen hätte, wie mich der liebe Gott erschaffen hat, und meiner DNA freien Lauf gelassen hätte, dann wäre ich bis zum Ende meines Lebens wie eine Kreuzung zwischen Osama bin Laden, Frida Kahlo und King Kong rumgelaufen. Haare. Überall Haare. Und wenn ich gewollt hätte, hätte ich mir problemlos einen Hipster-Bart stehen lassen können. Conchita Wurst hätte einpacken können gegen mich.

Beruhigt durfte ich aber irgendwann feststellen, dass der Zenit des Haarwuchses mit dem Verlassen meiner Dreißigerzone erreicht war, mehr ging nicht, kein Platz mehr auf der Haut. Ich musste mich also nicht auf weitere unerwünschte Büschel einstellen. Dabei hatte ich mir schon eine Menge schönes Fachwissen über Hypertrichose angelesen – so nennen das die Mediziner nämlich, wenn sehr viele lange, dicke und dunkle Haare den Körper überziehen. Hypertrichose. Was für ein grässliches Wort.

Damit mir nicht zu langweilig wurde, ließen sich meine Haare dann jedoch etwas Neues einfallen: Sie wurden grau. Ich erinnere mich genau, wie ich das erste graue Haar im Spiegel entdeckte. Ich drehte den Kopf hin und her. Und egal, aus welcher Perspektive ich es auch betrachtete – es blieb grau. Natürlich riss ich es sofort aus und fuhr schnurstracks zu meinem Friseur, um mir als vorbeugende Maßnahme die schwarzen Haare noch mal richtig schwarz überfärben zu lassen, damit ja kein neues graues Haar auf die Idee käme, noch mal so grau aus mir herauszuwachsen. Und während ich so unter der lärmenden Haube in einem Beauty-Magazin blätterte, sah ich sie: Meine Ikone. Von einer Broschüre lächelte sie herunter: elegant, blond und vollkommen haarlos. »For ever hairfree«, stand da. Und die Dame versprach: »Wir helfen Ihnen!« Uuuh, das klang sensationell: Für immer hairfree ... Ich sagte den Satz mehrfach laut vor mich hin und sah mich heimlich um, ob noch jemandem dieses Wunder erschienen war. Es war eine Verheißung, mehr noch: das Heilsversprechen schlechthin. Frisch abgedunkelt und meinen Bob nachgeschnitten, schnappte ich mir den Prospekt, drückte meinem Friseur Alessandro ein Küsschen auf den lieber Männern zugewandten Mund und flüsterte ihm ein »Jetzt wird alles gut, Alessandro« ins Ohr als wäre ich Scarlett O'Hara in »Vom Winde verweht«. Und Alessandro, der aus Antalya kam und eigentlich Üzgür hieß, konterte textsicher mit Rhett Butlers berühmtem Satz: »Frankly, my dear, I don't give a damn.« Der Gute!

Im Glücksrausch fuhr ich nach Hause. Es war der Millionen-Jackpot. Nie mehr waxen? Nie mehr zupfen? Für immer Spontan-Schwimmen, Spontan-Röcke und wenigstens einmal im Leben Spontan-Sex? Allein die Tatsache, dass es jetzt ohne peinliche Zwischenfälle möglich wäre, löste in mir das gleiche Gefühl aus, wie eine echte Chanel-Tasche zu besitzen oder für immer Pasta essen zu können, ohne zuzunehmen ...

Mein erster Termin beim Haarlasern war allerdings ernüchternd. Ich wollte natürlich das volle Programm »For-ever-hairfree« haben. Den großen Kahlschlag. »Ist das machbar?«, wollte ich wissen. »Selbstverständlich«, war die prompte Antwort.

»Selbstverständlich«, wow, das klang so, als wäre das so gar kein Problem.

»Und was kostet das?«, fragte ich angeknipst wie eine Festtagsbeleuchtung von der Vorstellung, problemlos und im Handumdrehen ohne jegliches Körperhaar zu sein.

»599 Euro pro Sitzung«, antwortete die Laserlady.

599 Euro? Pro Sitzung? Wie viele Sitzungen ich denn bräuchte, hakte ich nach. Da näherte sich die sehr patent aussehende Dame mit ihrer Lupe, begutachtete meine Stoppelhaare, die bereits allesamt ihre Köpfchen aus den Löchern quetschten, und das, obwohl ich sie erst vor einer Stunde abrasiert hatte. Sie zog eine Augenbraue hoch und bemerkte fast anerkennend: »Puh, das nenne ich mal Haarwuchs … Also das werden sicher fünf Behandlungen. Schauen Sie mal! Da kommen aus einer einzigen Haarwurzel bis zu vier Haare«, stellte sie begeistert fest. Dann fügte sie ganz nonchalant hinzu: »Aber wir können froh sein, dass die bei Ihnen so rabenschwarz sind. Schwarze Haare bekommen wir viel besser in den Griff als blonde. Oder graue.«

Wie gut also, dass ich die Erlöserbroschüre gefunden hatte, bevor das Grau den Rest meines Körpers überzogen hatte. Boah, war ich froh.

Ich war nun, fünf Sitzungen später und mein Konto geplündert, endlich hairfree. Sie waren weg, die Haare, alle, außer die auf dem Kopf natürlich, und auch Wimpern und Augenbrauen waren drangeblieben. Obwohl ich im Vollrausch der Gefühle fast auch die hätte weglasern lassen. Meine Laserlady hatte mich nämlich bereits nach der zweiten Sitzung gelobt, wie schön das bei mir funktioniere, und so machte ich nicht nur mir, sondern auch ihr eine große Freude, wenn ich von Mal zu Mal immer weniger borstige Freunde zur Sitzung mitbrachte. Die Prozedur zwiebelte zwar ganz schön, aber ich dachte an Jean-Baptiste und Brad Pitt und biss die Zähne zusammen. Nun waren die Haare selbst in Zonen verschwunden, die weniger hoch frequentiert waren. Also in Zonen, wo normale Frauen gar keine Haare hatten. Ich hatte selbst da welche. Das arme Lasergerät. Aber sicher war sicher.

Und wenn ich an dieser Stelle mal kurz eine klassische Milchmädchenrechnung aufmachen darf: Ich habe unterm Strich eine Menge Geld gespart! Wenn ich nämlich alles zusammenrechne, was ich fürs Beseitigen meiner Büschel in den letzten fünfundzwanzig Jahren ausgegeben habe und was ich mindestens noch ausgeben hätte müssen, komme ich auf eine ziemlich üppige Summe. Ich hätte davon eine Doppelhaushälfte anzahlen können. Dagegen waren die läppischen 599 Euro pro Sitzung für eine dauerhafte Ganzkörperenthaarung ein Superschnäppchen.

Ich bin jetzt for ever hairfree und kann mich ohne Scham und überall voll entfalten und entblättern. Okay, ich muss natürlich bei dieser Gelegenheit zugeben: Bisher war ich genau null Mal spontan schwimmen. Aber ich habe mich immerhin zum ersten Mal völlig haarlos an einem italienischen Pool präsentiert.

Was nur eine mittelgute Idee war. Ich habe nämlich feststellen müssen – genauer gesagt habe das gar nicht ich, sondern eine dreijährige Blondine bemerkt –, dass jetzt meine wellige Haut viel besser zur Geltung kommt … Ironie des Schicksals, oder? Irgendwer sitzt doch da oben und liebt es, mich zu verarschen …

Jedenfalls, so frisch gelasert, ohne Schnurrbart, ohne Grizzly und überhaupt ohne Fell, ist mir die Geschichte mit Jean-Baptiste wieder in den Sinn gekommen. Ich habe ihn dann auf Facebook gesucht. Und auch gefunden. Er sieht inzwischen aus wie ein Michelin-Männchen, und auch er ist hairfree. Dummerweise auf dem Kopf. Der Arme! Das mit den Zitronen hat sich wohl nicht bis nach Frankreich herumgesprochen …

Botox fährt Bus

Busfahren finde ich irgendwie erniedrigend, schon immer. Auch als Kind bin ich nur sehr widerwillig in öffentliche Verkehrsmittel eingestiegen. Aber da meine kroatische Mutter ihren Führerschein erst mit dreißig gemacht hat und ich zu diesem Zeitpunkt schon zwölf war, hatte ich da bereits eine lange Busfahrkarriere hinter mir.

Gefühlt saß oder stand ich meine halbe Kindheit an der Bushaltestelle, im Bus oder rannte dem Bus hinterher, weil ich mal wieder getrödelt hatte. Und aus dem hessischen Dorf, in dem ich zu Hause war, fuhr nur alle zwei Stunden ein Bus nach nirgendwo. Frankfurt war eine Weltreise. Trotzdem war jeder froh, dass überhaupt etwas fuhr, in egal welche Richtung, und dass man so wenigstens ein Gefühl von Ortswechsel, Aufbruch, Abenteuer oder große Welt bekam. Es war allerdings nicht ganz so wie in den Hollywoodfilmen, die ich mir ständig reinzog. Dort hatten die Mädchen reiche Eltern, einen Chauffeur, schicke Kleidchen und Villen mit acht Toiletten. Leider auch strenge Haushälterinnen, und die Eltern waren zwar reich, aber doof. Meine Eltern waren nicht reich, dafür aber lustig, und ich hatte meine Freiheit. Und wenn ich die Augen schloss, konnte ich mir den Busfahrer als Privatchauffeur vorstellen. Dann wurde aus der Dorfstraße die Auffahrt zu unserer Ranch. Gut möglich, dass die Busfahrten schuld daran sind, dass ich Schauspielerin geworden bin ...

Beim Busfahren lernt man sehr viel übers Leben und die Mitreisenden. Und zwar mehr, als man wissen will. Was am Vortag gegessen oder wann das Shirt zuletzt gewechselt wurde, welche schrecklichen Angewohnheiten jemand hat – Nasehochziehen, Popeln oder Nägelkauen, das machen viele am allerliebsten beim Busfahren. In aller Öffentlichkeit, wohlgemerkt.

Um derlei Macken bei jemandem zu bemerken, reichen oft schon kurze Strecken. Wie zum Beispiel die Fahrt in einem Shuttlebus. So geschehen im südlichen Norditalien.

Weiß der Herrgott, wie, aber ich hatte mir auf meiner Suche nach meinem Mr Big zum Leidwesen meiner Freundinnen wieder mal einen neuen Verlobten angelacht. Einen Italiener. Luigi. Aus San Marino. Weil ich so schlecht »Nein« sagen konnte und Luigi so schön gefragt hatte. Und weil er so schwarze Bilderbuchlocken hatte. Leider fiel Luigi eindeutig in die Männerkategorie II und III, die Geizigen mit Mutterkomplex, mit denen ich eigentlich schon vor Stellas Black-Widow-Party fertig gewesen war. Eigentlich. Mit diesem Prachtexemplar hatte ich jedoch einen richtigen Dagobert Duck erwischt. Das musste man erst mal schaffen: Er war wahrscheinlich der einzige Italiener weltweit, der geizig war. Und wer hatte ihn gefunden? Ich! Natürlich ich. Als ich meinen Fehler bemerkte, war ich leider schon mit Luigi verlobt und schnallte erst dann, dass er in überhaupt allen Lebenslagen ein ausgesprochener Depp war, den meine Wünsche kein bisschen interessierten. Und »nicht-Bus-zu-fahren« gehörte ausdrücklich zu meinen Wünschen. Außerdem war sein Kosename für mich »meine kleine Pummel-Mimi«. Und als ich ihm klarmachte, dass man mit 62 Kilo nicht pummelig sei, erklärte er mir, vor mir sei er immer mit Ballerinas zusammen gewesen, und da gelte alles über 50 Kilo als pummelig. Also auch ich. Aber er liebe mich natürlich trotzdem. So, wie ich sei. Aha. Diese Pummel-Mimi, die ich in seinen Augen offensichtlich war, hatte ihm vor unserer Reise eindringlich zu erklären versucht, woher die Abneigung gegen das Busfahren kam. Wie ekelig ich allein die Vorstellung fände, dass ein Halteknopf ein genauso toller Aufenthaltsort für Bakterien wäre wie ein Toilettensitz. Und dass eine Busfahrt vom Flughafen zum Ferienort definitiv kein guter Urlaubsbeginn für mich wäre. Ihm war das völlig schnurz. Und so schob er mich nun unsanft in den voll besetzten Bus und fing an, mit einer Gruppe Stewardessen zu flirten, die sichtlich irritiert von seinen Annäherungsversuchen waren. Es juckte ihn dabei keineswegs, dass an seinen Händen jetzt auch – unsichtbar und zählebig – die Spuren von Urin und Sperma von Haltegriff drei klebten. Bääääh.

Hektisch kramte ich nach meinen Desinfektionstüchern, und Luigi sagte mit Absicht ganz laut in die Runde: »Mir ist schleierhaft, warum du, ein kroatisches Gastarbeitermädchen aus der unterhessischen Bronx, dich benimmst, als wärest du mit einem goldenen Löffel im Mund geboren!«

Die Stewardessen lächelten mich mitleidig an, obwohl sie wahrscheinlich kein Wort Deutsch verstanden. Sie begriffen natürlich trotzdem sofort, was für ein ausgesprochener Schmock Luigi war, und schauten demonstrativ aus dem Fenster. Ich verzog angewidert über den Schweißgeruch meines Vordermannes das Gesicht und antwortete: »Ich habe gerade ganz andere Probleme als dich und meine Herkunft! Weißt du eigentlich, dass es wissenschaftlich erwiesen ist, dass an einem einzigen Bushaltegriff mehr Bakterien kleben als in einem ganzen Arztwartezimmer? An *einem* Griff, Luigi!?«

Luigi verdrehte genervt die Augen und versuchte, wenigstens eine der Stewardessen zum Flirten zu bewegen. Ich hätte am liebsten an Ort und Stelle Schluss gemacht mit dem blöden, eingeölten Italiener. Aber da ich ein wirklich treues, und vor allem ein außerordentlich bescheuertes Seelchen bin, und weil er so schöne braune Rehaugen hatte, gab ich ihm noch mal eine letzte Chance. Schließlich hatte er eine sehr schwere Kindheit gehabt, und da konnte man schon mal komisch werden als Mann.

Die Busfahrt und Luigi hatten mich so mitgenommen, dass ich am nächsten Tag Herpes hatte, und zwar über mein halbes Gesicht. Leider stellten sich die fiesen Bläschen und Quaddeln als hartnäckige Begleiter heraus, die nicht so schnell verschwinden wollten. Auch nicht, als ich wieder zurück in Deutschland war, wo bald schon ein Termin bei einer berühmten und sehr teuren Hellseherin anstand. Wahrscheinlich war mir schon vor meiner Reise mit Luigi klar gewesen, dass ich bald seherischen und seelischen Beistand bräuchte; daher hatte ich einen Termin mit Medium Ludmilla, so hieß die Gute, vereinbart. Obwohl mein Konto nach meinen Rundum-haarfrei-Paket eigentlich ziemlich mau aussah, hatte ich sie bereits angezahlt und konnte die Sitzung daher auf keinen Fall sausen lassen. So entstellt, wie ich war, brauchte man allerdings keine großen hellseherischen Fähigkeiten, um zu bemerken, dass mein Leben ein klitzekleines bisschen in Schieflage war. Trotzdem hat Ludmilla am Ende ordentlich dafür kassiert, dass sie statt in meinen Händen einfach in meinem Gesicht lesen konnte.

Zum Schein glotzte sie dennoch angestrengt in ihre Tarotkarten.

»Hmm, ich sehe ... ich sehe ... Sie haben ... Schwierigkeiten.«

Ach, echt? Für diese Information hätte ich sicher nicht in dieses hinterletzte Dorf Deutschlands fahren müssen, das hätte ich mir auch selbst aus den Fingern saugen können.

Sie kniff die Augen zusammen. »Ich sehe«, sie blickte kurz hoch, »Sie haben ... Gesichtsblasen«, und dann schaute sie wieder runter und zupfte an den Tarotkarten herum: »Und ich sehe wieder einen komplizierten Mann.«

Dann schwieg sie andächtig. Ich hatte den Eindruck, dass sie mich jetzt gar nicht mehr wahrnahm, also fing ich an, ihr die Rimini-Episode zu erzählen. »Ja, ich weiß, den italienischen Arsch hätte ich natürlich sofort verlassen sollen«, schloss ich die Geschichte ab.

Die Hellseherin lehnte sich zurück, schaute mich sehr intensiv an und sagte dann eindringlich:

»Frau Fiedler, Sie sind in einem Ihrer früheren Leben einmal eine richtige Grande Dame gewesen, wissen Sie. Eine, die in Geld gebadet hat. Richtig wohlhabend. Aber leider auch richtig unangenehm. Genau genommen waren Sie ein Arschloch!«

Als ich mich ob der neuen Information erst mal kurz sortieren musste, hörte ich sie weiter ausführen: »Deswegen müssen Sie in diesem Leben eben Bus fahren, bekommen geizige Männer aus Rimini, die Sie Pummel-Mimi nennen, und baden nicht in Geld.«

Ob das jetzt für immer so bleibe, wollte ich besorgt wissen. Ich könne ja wohl kaum etwas für mein früheres Ich.

»Wer bestimmt denn das überhaupt mit der Wiedergeburt? Mich hat keiner gefragt, welches Leben zu mir passt. Und ob ich das überhaupt will!? Das ist doch voll ungerecht, kann ich das bitte umtauschen? Ich meine, wozu habe ich Sie denn? Können Sie da nicht was machen?«, protestierte ich.

Die Hellseherin schaute mich schräg von der Seite an und flüsterte: »Frau Fiedler, Frau Fiedler, beschweren Sie sich mal nicht zu laut, sonst fahren Sie am Ende nur noch Bus. Die Karma-Polizei hört alles.«

Also so was! So ein Scheiß! Ich hatte der doch keine 300 Euro unter ihre bescheuerte Glaskugel geschoben, damit sie mir erzählte, dass ich mal ein Arschloch war und jetzt deswegen umzingelt war von Arschlöchern?

Ich wurde richtig sauer und beugte mich zu ihr vor. »Ich gebe Ihnen eine sehr, sehr schlechte Bewertung bei Google, nur damit Sie es wissen!«, verabschiedete ich mich.

Ich wollte nur noch weg. Schnellstmöglich. Raus aus der Pampa, weg von der Wunderkugel. »Karma-Polizei … pfff …, dass ich nicht lache. Ich bestimme über mein Karma«, tobte ich vor mich hin. Ich war so entrüstet über diesen Quatsch, dass mein Fuß vor Wut wohl etwas zu sehr aufs Gaspedal drückte.

»Zoom«, machte es, und ich wurde geblitzt.

Die freundlichen Herren in Uniform winkten mich gleich raus und waren augenscheinlich nicht von der Karma-Polizei, sondern von der echten. Etwas irritiert über meinen Gesichtszustand, ließen sie mich mitten am Tag pusten. Ich hatte natürlich null Promille und erklärte, ich tränke nie am helllichten Tag, nie, immer nur, wenn's draußen dunkel sei, ich sei ja kein Assi, und ob's das jetzt gewesen sei und ich nun weiterfahren dürfe. Der Kleinere von beiden fragte mich, warum ich denn dann mit über hundert Sachen durch eine geschlossene Ortschaft rase.

Und weil mir in dem Moment echt nichts Besseres einfiel und weil es auch ein bisschen der Wahrheit entsprach, sagte ich:

»Weil ich ein Arschloch bin. Verstehen Sie? Ein richtiges Arschloch!«

Na ja, die beiden müssen wohl Hand in Hand mit den Kollegen vom Karma-Dezernat gearbeitet haben, sie hatten nämlich daraufhin keine Rückfragen mehr, und ich musste meinen Führerschein abgeben.

Und wieder Bus fahren. Ganze zwei Monate lang. Da war ich also nach meinem Bläschen-Blitz-Desaster gezwungen, diesem umweltfreundlichen Massentransportmittel wieder eine Chance zu geben.

Meine erste Fahrt war wie ein Trip in die Vergangenheit. Da war es wieder, das Gefühl, im Schulbus zu sitzen, an jeder Milchkanne zu halten, jeden Tag die gleichen Gesichter, das Geruckel, der Schweißgeruch und noch fünfhundert Haltestellen bis zur Endstation.

Wieder Backfisch, meine Zukunft in weiter Ferne ... Nur war ich längst kein Backfisch mehr, eher Modell »olle Flunder«. Der Bus sah zwar immer noch aus wie früher – nur ich leider nicht.

Noch bevor ich so richtig in Hysterie verfallen konnte, hörte ich eine Jungenstimme aus dem Off: »Wollen Sie sich nicht setzen?«

Ich dachte so, wie süß, wenigstens das hat sich nicht verändert, es gab immer noch so liebe Kinder, die alten Menschen den Platz frei machten. Vielleicht würde dieses Busfahren ja doch noch eine gute Erfahrung für mich.

Ich drehte mich um, um dem Jungen und der Seniorin wohlwollend zuzulächeln. Sooo sommersprossig war er, einfach zum Knuddeln. In einer Woge der Begeisterung über so viel menschliche Wärme ließ auch ich mich mitreißen und streichelte ihm über die roten Haare. »So lieb bist du!«, sagte ich.

Er strahlte mich an und deutete auf den freien Platz vor ihm: »Danke, aber setzen Sie sich doch!«

Sicherheitshalber schaute ich mich nochmals im Bus um ... Aber es gab da keine alte Dame, Irrtum ausgeschlossen. Mein Gehirn begriff allmählich:
Die alte Lady, das war ... ICH.

Das hatte der rote Rotzlöffel vom Kaff wirklich schön von seiner Mutti beigebracht bekommen: »Und wenn eine ältere Dame kommt, dann stehst du auf und machst Platz, mein Schatz, ja?«

Ich bekam sofort Hitzewallungen. »Sehe ich aus, als wäre ich gehbehindert, hm?«, knurrte ich ihn an.

Der Junge versuchte, etwas zu antworten.

»Nimm doch erst mal die Zahnspange raus, bevor du mit mir sprichst! Weißt du überhaupt, wie Kacke es ist, alt zu werden?! Okay?! R i c h t i g KACKE. Ich kam mit meinem Gesicht ganz nah an seines.

Der Junge starrte mich mit offenem Mund an, und ich bellte weiter: »Und weißt du eigentlich, wie teuer Botox ist? Nee, weißt du nicht! Es ist teuer! SEHR teuer. Und ich hab keinen Mann, der mir das zahlt. Ich bekomme nicht mal eine läppische Taxifahrt geschenkt. Ich muss alles selbst bezahlen. Ich muss hart arbeiten. Andere gehen gar nicht arbeiten. Ich zahle ein ins Bruttosozialprodukt, ich arbeite für DEINE Zukunft! O. k.? Da bleibt eben nichts übrig für Botox. Und da muss ich mir doch so was nicht bieten lassen! Ich brauche deinen blöden Sitzplatz nicht. Verstanden?«

Er klimperte drei-, viermal mit den hellen Wimpern und stotterte dann: »Äh, ich dachte, Sie wollen sich vielleicht setzen, weil Ihr ... weil Ihr Koffer so groß ist und Sie so viele Taschen haben. Aber hey, kein Problem, alles easy! Bleiben Sie ruhig stehen!« Dann hockte er sich ganz einfach wieder hin, zog die Kopfhörer auf und würdigte mich keines Blickes mehr.

Dafür starrten mich alle anderen Fahrgäste an. Auch der Busfahrer. Nicht die Art von Ruhm, die ich mir an so einem unschuldigen Nachmittag gewünscht hätte. »Ups, mein Fehler«, hörte ich mich sagen und klopfte dem rothaarigen Jungen auf dem Kopf herum, als wäre er der Notfallknopf. Dass ich mit Taschen bepackt war wie eine anatolische Bergziege, hatte ich schlichtweg vergessen.

Als Entschuldigung für meinen Ausbruch brachte ich noch: »Mich hat noch nie jemand gesiezt!« hervor. Ich sah nur kopfschüttelnde Menschen um mich herum und hatte das dringende Bedürfnis, meine Reputation wiederherzustellen:

»Mir fehlt einfach die Übung im Busfahren, ich kenne euren Verhaltenskodex nicht, da kann man sich doch wohl einmaaaal im Ton vergreifen, meine Güte!«

Der Bus tuckerte weiter durch die Provinz, während ich nun stehen musste und ignoriert wurde. Und wie man es auch drehte und wendete: In Bus Nummer 314 wurde aus Ahnung Gewissheit. Ich hatte schlagartig begriffen, dass ich nicht ewig jung bleiben würde. Nicht als Mimi und nicht als anatolischer Packesel. Nicht stehend und nicht sitzend. Nicht mit Botox und schon gar nicht ohne.

Das Ungeheuer
von Loch Ness

Tja. Irgendwann war auch das offiziell: Ich hatte die moderne Beulenpest. Ich war ein Wellblechdach. Ich hatte Orangenhaut.
Orangenhaut heißt das, weil die Haut Wölbungen und Dellen aufweist und somit der Oberfläche einer Orange ähnelt. Diesen Begriff hat sicher keine Frau erfunden, genauso wenig wie das Licht in Hotelzimmern oder Umkleidekabinen.
Dabei hatte ich mir nichts zuschulden kommen lassen, um so auszusehen, ich schwöre! Die Fehler lagen viel, viel weiter zurück, in den Tiefen meiner Kindheit. Sie hießen Nutella, Sunkist, Bifi, Haribo, Dolomiti, Storck-Riesen und Mäusespeck. Genau, »Mäusespeck, in hundert Jahren ist alles weg«. Das waren ja super Aussichten.

Kenntnis über meine Bindegewebsschwäche hatte ich schon mit vier Jahren. Meinen wohlgenährten Kinderkörper im Spiegel betrachtend, bemerkte ich diese kleinen Grübchen an meinem Kinderpopo sehr wohl. Aber damals waren es für mich eben nur lustige kleine Löchelchen, kaum ahnend, dass der gezuckerte Obstsalat meiner kroatischen Mutter mir ein paar Jahrzehnte und Kronen später riesige Krater im Allerwertesten bescheren würde.

Natürlich sagte ich dem Ganzen den Kampf an. So ließ ich nicht mit mir umgehen. Wie gemein das war! Erst Vollbehaarung und da drunter eine Orangenplantage? Ging's eigentlich noch? Was machte 'n das für einen Sinn?

Ich also ab ins Internet und gegoogelt. Und wie durch ein Wunder hatte das Internet ein grandioses Waffenarsenal parat. Waffen aller Art gegen den unliebsamen Feind. Spezialdragees, Spezialcremes, Spezialkörperöle, Spezialgels und Spezialbäder, Spezialstrumpfhosen, Spezialtees und Spezialpulver. Spezial, spezial, spezial. Das bestellte ich mir natürlich alles, per Express, und probierte auch alles. Wochenlang, hintereinander, nonstop. Meinem Bindegewebe war das aber ziemlich wurscht. Perlte an ihm ab wie das Wasser an meiner spezialeingeölten Haut. Deswegen surfte ich dann nochmals im Internet auf der Suche nach härteren Maßnahmen. Und siehe da, die härtere Stufe hieß: Lymphdrainagemassage.

Meine armen Lymphgefäße wussten gar nicht, wie ihnen geschah, es wurde an ihnen gezuppelt und gesaugt, massiert und geknetet. Ich hatte schon blaue Flecken an den Oberschenkeln. Leider wurde mein Wellblechdach davon nicht besser. Am Ende verzichtete ich sogar auf Gluten, mit anderen Worten eigentlich auf alles, sogar auf meine Lieblingspasta. Wie tief war ich gesunken …

Und dann passierte es, überfallartig, einfach so. Aus dem Nichts. Mein Bindegewebe ging ungefragt an die Öffentlichkeit.

Das Drama spielte sich in Italien ab, wo ich mir nach einem Streit mit Luigi einen Cluburlaub gebucht hatte, und zwar ganz allein. Ich wollte eine schöne, unbeschwerte Zeit verbringen. Ohne dass mir der Italo-Lover auf die Zwölf ging. Schwimmen, planschen, lesen. Ein paar Malkurse belegen. Oder auch gar nichts davon. Einfach nur rumliegen, leicht einen sitzen haben und meinem frisch manikürten Fuß zusehen, wie er in der Sonne wippte. Stundenlang.

Ich hatte gerade eine Saftkur durchgestanden und mir einen von Stellas gepunkteten Gucci-Badeanzügen geliehen. Ich war sicher, dass ich darin aussähe wie Sophia Loren zu ihren allerbesten Zeiten. Wenn mich ein attraktiver Mann sehnsüchtig betrachtete, würde ich ihm im Vorbeigehen »Everything you see, I owe to Spaghetti« zuhauchen, dachte ich. Ich war in bester Verfassung, trug knallroten, wasserfesten Lipgloss, und weder über meiner Oberlippe noch an meinem Körper zeigte sich ein einziges Haar. Nicht ein einziges schwarzes Haarköpfchen, das vorwitzig aus seinem Loch lugte.

Ich war einfach nur happy und optimal vorbereitet auf die vielen begehrlichen Blicke bei kühlen Getränken an der Bar. In einer Hand das Handy, in der anderen einen Flutschfinger, machte ich mich auf den Weg. Der Flutschfinger ließ mich glatte fünfzehn Jahre jünger erscheinen, und ich glich in keiner Weise der Person, die ich aus der Umkleidekabine kannte, wo das Neonlicht einen bis auf die letzte Pore grell ausleuchtet und man sich fühlt wie in einer Legebatterie. Optisch wie emotional hatte ich einen perfekten Tag erwischt. Sogar die Frisur saß. Ich war bereit für den schönsten Urlaub, den ich je hatte. La dolce vita, ich komme!

Und da stand sie, die kleine Kröte. Neben mir am Beckenrand, drei Jahre alt, mit blonden Locken und einwandfreiem Bindegewebe. Auch in Punkten. Allerdings waren ihre nicht von Gucci, das sah ich natürlich sofort. Und während ich noch überlegte, ob ich nun ins Wasser gehen sollte oder nicht und wohin mit dem Handy, spürte ich ihren Blick auf meinem Bein. Als ich an mir herunterschaute, um zu sehen, was sie die ganze Zeit anglotzte, bohrte sie ihren spitzen kleinen Finger in meinen Oberschenkel und sagte völlig fasziniert: »Loch.« Loch?! Loooch?! Loch. Es war eindeutig da.

Das Loch.

Nicht mehr zu übersehen, nicht wegzulügen. Eindeutig ein Loch. Panik machte sich breit. War ich übersäuert, hatte ich zu viel Gluten, zu wenig Creme, zu viel Creme? Und wohin zum Teufel hatte ich die Massagebürste geräumt? Die Panik machte sich immer breiter und ging durch meinen ganzen Körper. »Reiß dich zusammen«, hörte ich die Stimme in meinem Kopf sagen. Und als Nächstes sah ich mich nur noch den Flutschfinger ins Wasser werfen und hörte mich »Du dumme KUH!« sagen. Laut. Sehr laut. Zu einer Dreijährigen. Dann rannte ich weg. Mitsamt meinen Löchern. Alles an mir schrie nach einem Burkini. Ich war am Boden zerstört. »Ich zeige sie an!«, schoss es mir durch den Kopf. Ich zeige sie an!! Schließlich war ich Opfer von »Body Shaming« geworden. Und ich war so beschämt, dass ich mich nicht mal mehr an die Bar traute, um meinen Kummer zu ertränken … Mein Begehrliche-Blicke-Vorhaben war völlig im Eimer.

Mich tröstete nur noch, dass selbst die Hollywood-Diven, die Zugang zu den besten Wundermitteln, Top-Chirurgen und Cremes in teuren Tiegeln hatten, von Orangenhaut

nicht verschont blieben. Kim Kardashians aufgeblasener Popo war mal ziemlich dominant in einer Klatschzeitschrift zu sehen gewesen. Im Sonnenlicht und unretuschiert. Und der sah jetzt auch nicht aus wie frisch gebügelt. Irgendwie beruhigte mich das. Und beunruhigte mich gleichzeitig. Denn das hieße ja, dass es dagegen wirklich nichts gäbe, wenn man es erst mal hätte. Wenn es etwas gäbe, hätte *die* das sicher längst erfolgreich probiert.
Also war es wohl so: Weibliche Kurven waren nicht ohne Löcher zu haben. Außer man war Primaballerina, selbstverständlich. Oder aß nie was. Was beides eindeutig nicht auf mich zutraf.

Und wie es halt so ist – da, wo es am schönsten war, wollte man bleiben. Und auf meinem Körper schien es sehr schön zu sein, denn die Löcher blieben. Sie fühlten sich offenbar bei mir so gut aufgehoben, dass über die nächsten Monate die gesamte löchrige Großfamilie bei mir einzog. Die ganze Sippschaft. Alle! Auch die Cousinen und Cousins zehnten Grades. Ohne mit der Wimper zu zucken. Kleine Grübchen, große Löcher, dunkle Wölbungen, tiefe Krater, wellige Dellen. Die ganze illustre Verwandtschaft des Loches aus dem italienischen Club. Andere brachten sich Souvenirs vom einheimischen Markt mit, ich eben Löcher. Und da auf meinem Oberschenkel irgendwann kein Platz mehr war, besiedelten sie die benachbarten Gebiete. Den Po, den Bauch, die Arme. Nur die Waden hatten sie verschont, waren ihnen wohl zu mager, meine Waden.

Da ich Stellas Gucci-Badeanzug nun nicht mehr tragen wollte und meine Waden das einzig Vorzeigbare waren, habe ich mir zur Entschädigung meine ersten superhohen, superroten und superteuren Louboutins gekauft. Weil ich gelesen hatte, dass die aufgrund ihrer schwindelerregenden Höhe die Beine streckten und es aussähe, als mache man Sport. Also unterhalb der Knie. Als ich sie zum ersten Mal ausführte – Luigi fand sie natürlich »molto sexy«, aber er musste sie ja auch nicht bezahlen –, kam ich in einer schicken Discothek an einem goldenen Wandspiegel vorbei. Ein kleiner Kontrollblick auf mich und auf die schönen neuen Schuhe, in denen meine eleganten Waden zu sehen sein sollten ... und da waren sie, ganz genau ... neue! fiese! Löcher! So tief, dass man sie selbst aus einem Hubschrauber gesehen hätte. Das war's – mein Leben als sexy Beast knieabwärts war gelaufen. Einfach so, aus und vorbei. Der komplette Körper war befallen.

Ich habe dann – völlig hysterisch – meinen Frauenarzt aufgesucht und ihn gefragt, ob vielleicht etwas mit meinen Hormonen nicht stimme oder so.

Er antwortete so gelassen, wie das eben nur Männer können, weil sie das Problem nicht haben, dass es wahrscheinlich nicht mit meinen Hormonen zusammenhinge und dass es auch kein Fehler der Natur sei, sondern sehr klug ausgedacht. Es seien schlichtweg die »stillen« Reserven für Schwangerschaften und Stillzeiten, und ich solle nicht so 'n Drama daraus machen. Es gebe ja wohl echt Schlimmeres. Hä!?! Schwangerschaften und Stillzeiten in meinem Alter?

Ich wollte nicht stillen und ganz bestimmt auch nicht schwanger werden. Ich war nicht mal sicher, ob es in mir überhaupt noch eine fähige, überlebende Eizelle gab, was zum Teufel sollte dann dieser Cellulite-Wahn auf meinem Körper? Dachten meine Zellen, ich bekäme als bald Menopausierende auf den letzten Metern noch mal Vierlinge? Und wozu dann Cellulite an der Wade? An der Wade?! Was sollte ich denn dort mit Reserven anfangen, angenommen, ich würde wirklich noch mal stillen?

Mein Frauenarzt gab mir dann einen Rat, den er wahrscheinlich mindestens einmal pro Tag einer verzweifelten, von Orangenhaut Befallenen herunterleierte wie ein Priester das Vaterunser. Ich solle sanften Sport machen. Walken und so. Pilates. Yoga. Und mich ausgewogen ernähren. »Sie essen wahrscheinlich zu viele Süßigkeiten und bewegen sich zu wenig.« Ich sollte was? Sanften Sport machen? Wie klang das überhaupt? Und mich ausgewogen ernähren? Ich wusste gar nicht, wie das überhaupt gehen sollte!

Oh Gott, plötzlich war mir richtig schlecht ... Aber etwas musste passieren. Ich musste nachdenken. Das gelang mir aber nicht. Ich hatte nämlich Hunger. Das war so bei mir: Übelkeit konnte jederzeit in Hunger umschlagen. Überhaupt hatte ich ständig Hunger.

Also sind wir erst mal Spaghetti essen gegangen. Nee, nicht mein Frauenarzt und ich. Meine hungrigen Löcher und ich. Wir haben uns für eine große Ladung Spaghetti aglio e olio entschieden. Denn allein die Vorstellung, bald in völliger Abstinenz leben zu müssen, löste in mir eine ungezügelte Fressattacke aus. In kürzester Zeit hatten die schwarzen Löcher und ich alles absorbiert, was uns sonst noch so serviert wurde. Und ich konnte ja bekanntlich bei Italienern so schlecht »Nein« sagen.

Der Froschkönig

Seine »schönen Begegnungen« nannte er sie. »Ist doch nichts Ernstes, Bellissima!« Ich solle mich mal nicht so anstellen, es komme doch auch unserer Beziehung zugute, wenn er entspannter wäre.

Äh, wie bitte? Hätte ich so etwas in einer Hollywoodkomödie gesehen, hätte ich gelacht. Aber ich stand kurz vor meinem zweiundvierzigsten Geburtstag und konnte darüber kein bisschen lachen. Plötzlich fand Luigi Monogamie also doof. »Unzeitgemäß und gegen die Natur des Menschen ist das«, verkündete er und gefiel sich richtig gut in seiner Rolle als Hahn in allen Körben.

Ich fand Monogamie überhaupt nicht doof. Im Gegenteil, ich war eine hochkonservative Spießerin. Ich war so weit entfernt von Polygamie wie eine Nonne von einem Gangbang.

Doof hingegen fand ich Luigis Entspannungsmethoden. Mir waren Geiz und Pummel-Kosenamen und Vielweiberei mindestens drei Übel zu viel. Also entlobte ich mich und stand wieder allein da.

Zuerst war ich enttäuscht, dann wurde ich wütend. Ich hatte die Schnauze gestrichen voll von geizigen Polygamisten, die sich als Monogamisten tarnten, sich blitzschnell verlobten, die unschuldige Braut umgehend in die teure Bulthaupküche schleiften, wo diese sich in Ruhe dem Haushalt widmen sollte, nur um selbst anschließend sofort wieder auf die Pirsch nach anderen Weibern gehen zu können. Ich fühlte mich in jeder Hinsicht betrogen. Deshalb befragte ich Stella, ob ich den Verlobungsbrecher auf Schadenersatz verklagen könne.

»Mimilein, leider bist du da neunzehn Jahre zu spät dran. Das Kranzgeld ist 1998 abgeschafft worden«, lautete ihre fachmännische Antwort.

»Was für 'n Kranzgeld?«, wollte ich wissen.

»Früher hat eine Frau eine dicke finanzielle Entschädigung einfordern können, wenn sie aufgrund eines Eheversprechens Geschlechtsverkehr hatte und anschließend das Verlöbnis gelöst wurde, weil der Verlobte Mist gebaut oder keine Lust mehr auf Ehe hatte«, erläuterte Stella.

Na, also! Das mit dem Kranzgeld klang doch super. Glorreiche Idee! Ich wollte das Ganze sofort wiederaufleben lassen. »Wir machen einen Präzedenzfall daraus. Wir verklagen ihn trotzdem. Wir statuieren ein Exempel! Das ist doch so was wie Betrug. Und Erschleichung von Beischlaf. Oder nicht? Wenn ich von vorneherein gewusst hätte, dass er Mumus sammelt, hätte ich ihm meine doch nie gegeben. Er soll mir Schadensersatz zahlen!«

Stella gab mir zu verstehen, dass das leider sittenwidrig sei und ich mich in Zukunft einfach nicht immer gleich verloben solle.

»Sei doch einfach froh, dass du den nicht geheiratet hast«, gab sie mir noch mit auf den Weg.

Es gibt über 16 Millionen Singles in Deutschland – somit war ich doch total mainstream. Warum fühlte ich mich trotzdem wie eine Vollversagerin? Ich vergoss ein paar Tränen. Ich Unglücksrabe! Nicht mal Kranzgeld stand mir zu. Aber Selbstmitleid war irgendwie nicht meine Sache, also rappelte ich mich auf: Immerhin hatte ich noch Glück im Unglück. Zwar hatte ich das Kranzgeld verpasst, dafür wäre ich aber in früheren Zeiten auch für immer geächtet gewesen. Eine alleinstehende, befleckte Frau kurz vor ihrem Zweiundvierzigsten. Man hätte mich aus der Gesellschaft verstoßen und angeprangert: »Sünderin! Das geschieht ihr recht! Sie ist doch selbst schuld!« Damals hätte sich doch keine Sau dafür interessiert, wer eigentlich schuld an der ganzen polygamen Misere gewesen wäre.

Heute wird man Gott sei Dank nicht mehr geächtet, gesteinigt oder geteert und gefedert. Dafür hat sich die Gesellschaft etwas Schlimmeres ausgedacht für eine Frau, die in fortgeschrittenem Alter wieder Single ist: Sie muss sich bedauern und pathologisieren lassen. Es hagelt Mitleid und gut gemeinte Ratschläge.

Darin war besonders unsere dritte Freundin im Bunde, Nina, Meisterin. Sie hatte ihren Traummann gefunden. Und zwar im Internet. In einem Dating-Portal für »elitäre Menschen mit Niveau«. Ihre Neuerwerbung war von Stella und mir fachkundig geprüft worden und hatte das Prädikat »besonders wertvoll« ausgestellt bekommen. Jetzt nervte Nina immer wieder: »Und, Mimi, was läuft bei dir so?« Wahrheitsgemäß antwortete ich: »Nichts, aber ich vermisse auch nichts.«

Ninas und Stellas Haltung mir gegenüber schwankte zwischen Mitleid und der Überlegung, ob eventuell doch etwas nicht mit mir stimme. Aber sie fanden auch, ich solle jetzt erst mal »zu mir kommen«. Den geizigen Polygamisten verstoffwechseln und nur mal für mich bleiben.

Ich fand, ich wäre total bei mir, noch nie war ich mir näher, »Macht Euch keine Sorgen! Ich hab die Sache echt im Griff. Ich habe nämlich mein Verhaltensmuster erkannt. Also: alles ist gut«, verkündete ich.

Gott sei Dank hatte ich ein Muster, denn ohne Muster stimmte ja erst recht was nicht mit einem. Mit einem Muster konnte man sich Hilfe holen, zum Beispiel bei einem Seelenklempner. Fürs Erste zog ich ein simples »Coaching« vor und hatte mir pünktlich zu meinem Geburtstag eines gebucht. Hörte sich irgendwie besser an als »tiefenpsychologische Analyse nach Freud«. Für die nächsten Wochen hatte ich den festen Plan, mich ausschließlich mit meinem Muster zu beschäftigen.

Stella und Nina fanden das unterstützenswert. Daher kamen sie auf ein ganz besonders tolles Geschenk, das »gewisse Etwas«, das mir andächtig in einem Sternerestaurant überreicht wurde, in das uns Stella zur Feier des Tages geladen hatte. Der Kellner brachte drei Champagnergläser zum Anstoßen und eine Torte mit brennenden Kerzen.

Ich blies die Kerzen aus und riss in Vorfreude das Glanzpapier vom Geschenk. Ich liebte die Geschenke meiner Freundinnen. Die beiden schauten mich erwartungsfroh an, und Stella klatschte begeistert in die Hände, als ich den Inhalt des Päckchens in den Händen hielt.

Einen Vibrator.

Einen grasgrünen Vibrator. In Form eines Frosches. Mit einer abnehmbaren Krone auf. Auf jeder Seite hatte er drei kleine Hoden. Und an allen sechs kleinen Säcken prangten Swarovskikristalle.

»Toll, oder? Der ist total en vogue bei Alleinstehenden«, kreischte Stella voller Enthusiasmus.
»Wie im Märchen: Königstochter, jüngste, mach mir auf!« Sie kriegte sich gar nicht wieder ein vor Lachen. »Und wenn er deine Rapunzel küsst, wird er zum Prinzen!«

Ich wusste nicht, ob ich einen Heul- oder einen Lachkrampf bekommen sollte: »Ihr schenkt mir einen Frosch-Vibrator? Mit Glitzerhoden? Und warum nennst du meine Mumu Rapunzel? Sie heißt nicht Rapunzel!«
Stella war perplex. Sie konnte nicht begreifen, wieso ich nicht in Freudengeschrei ausbrach. »Freust du dich denn gar nicht? Wir dachten ... äh ... also, jedenfalls ist es eine Limited Edition, er ist in zehn Jahren mal richtig was wert! Und den Spitznamen hast du seit meiner ›Black Widow‹-Party weg, weil du doch so behaart warst ... Du hast doch selbst immer Witze darüber gemacht. Deswegen nennt Nina dich jetzt immer Rap...« Stella stockte, weil Nina sie so unsanft unterm Tisch trat, dass die Gläser auf dem Tisch hüpften.
Nina unternahm den schwachen Versuch, den Karren aus dem Dreck zu ziehen, und sagte: »Süße, wir wollen doch nur nicht, dass du bei jedem Frosch, den du küsst, denkst, *das* wäre jetzt dein Prinz. Dann nimm doch lieber diesen hier, er ist wertvoll, macht dich immer happy und verspricht nichts, was er nicht halten kann. Es sei denn, die Batterien sind leer.«

Stella nahm den Froschkönig aus der Verpackung: »Ja, eben! Schau mal, er hat sogar sechs Stufen. Ein idealer Begleiter bei deinem Coaching. Und außerdem«, Stella hob den Froschkönig inmitten des Edelschuppens in die Höhe, als stünde sie bei den Bundesjungendspielen auf der Siegertreppe, »ist er hier monogam. Und er liebt jede deiner Kurven.«

Mir dämmerte es ... Meine Freundinnen dachten, ich würde es irgendwie einfach nicht schaffen, mein »bad Karma« loszuwerden. Und deswegen würde ich alle Schwachmaten und Vollhorste abgreifen, die es auf dem Markt gab. Zu meiner eigenen Sicherheit fanden sie es offenbar klüger, wenn ich meine Zeit mit dem Silikon-Froschkönig verbrächte statt mit echten Exemplaren. Eine saubere, komplikationslose Lösung, und teilen müsste ich ihn auch nicht.

»Glaubt mir, ich säße hier auch lieber mit meinem Mr Big, der mich küsst und sagt: ›Alles Gute zum Jahrestag, Baby!‹«, erklärte ich. »Stattdessen sitze ich jetzt hier, mit euch, und diesem ... Ding! Das ist doch scheiße!«, entfuhr es mir. »Du, Stella, vergnügst dich mit deinem minderjährigen Automechaniker, und selbst du, Nina, hast deinen Traummann gefunden. Und ich soll mit einem Vibrator happy werden?«

Stella wehrte sich: »Just for the record, Schätzchen: Brian ist nicht minderjährig, er ist mittlerweile fünfundzwanzig, also ein voll ausgewachsener Mann. Und zwar überall! Und sag das bitte nicht immer so laut, ich hab echt keine Lust, dass die Bullen irgendwann vor meiner Tür stehen.« Sie schaute sich um. »Außerdem könnten hier überall Klienten von mir lauern«, sagte sie, plötzlich ganz die seriöse Anwältin.

»Ach so, ich darf das nicht so laut sagen, aber das mit dem Kack-Glitzerfrosch hier mitten in der Öffentlichkeit, das geht in Ordnung, ja?! Außerdem habe ich Euch schon tausendmal gesagt, dass ich so was nicht benutze. Ich finde es gruselig, okay? Obergruselig! Ich fürchte mich vor Vibratoren. Die sehen aus wie aus 'nem Horrorfilm. So als würden sie einen gleich angreifen oder so.«

»Der Fifi von deinem italienischen Geizhals sah doch auch aus wie aus einem Horrorfilm, und du hast ihn benutzt«, konterte Nina.

Wir schwiegen eine Weile. Ich nippte am Champagner und sagte gedankenverloren: »Sein Fifi sah wirklich aus wie aus einem Horrorfilm, wie eine Mischung aus einem alten Regenwurm und Freddy Krueger. Echt! Ich frage mich, wie man es schafft, mit so was – ich machte Anführungshäkchen mit den Fingern – polygam zu sein. Er hätte doch froh sein können, dass er mit dieser … mit dieser … also mit dieser verschrumpelten Wurzel eine Frau wie mich bekommen hat. Oder?« Ich schaute in die Runde, und Stella verzog immer noch ihr Gesicht: »Eine Mischung aus altem Regenwurm und Freddy Krueger? Igitt!«

Nina lobte mich: »Das hast du schön beschrieben, Schatz. Ich finde, genauso sieht sein Fifi aus.«

»Woher kennst du denn bitte schön seinen Fifi?«, wollte Stella wissen.

»Willst du ihn auch sehen?«, fragte ich sie. Und noch bevor Stella antworten konnte, holte ich mein Telefon aus der Tasche und zeigte ihr das Foto, auf dem der alte Regenwurm in seiner ganzen Jämmerlichkeit zu sehen war.

Stella starrte auf das Display und sagte dann: »Das ist er? Das ist sehr … verstörend.«

Nina, Klatschjournalistin beim Privatfernsehen, hatte da ihre eigenen Theorien: »Vielleicht haben die aus San Marino ja alle solche Fifis. Ist doch ein Zwergenstaat, oder?«

Wir brauchten noch mehr Champagner.
Nina betrachtete den Froschkönig: »Also ich finde, wir sollten ihm einen Namen geben. Das baut sofort eine Bindung auf. Und dann, zu Hause, freundest du dich mit ihm an. So wie beim kleinen Prinzen, erinnerst du dich? Diese Stelle, wo der Fuchs sich mit dem kleinen Prinzen anfreundet. Gaaanz langsam. So langsam musst du dich auch an ihn gewöhnen. Dafür hat er ja extra sechs Stufen. Du nimmst schön eine nach der anderen: Musst ja nicht gleich durchdrehen. Wahrscheinlich ist nämlich genau das dein Problem, Mimi, dass du immer gleich so durchdrehst. Also, dass du dich immer gleich mit Hinz und Kunz verlobst, meine ich …«

Das verschlug mir die Sprache: »Ich fasse es nicht! Dass das jetzt ausgerechnet von dir kommt! Wo du dich nach zwei Wochen mit einem Typen aus dem Internet verlobt und nach drei Monaten geheiratet hast. Wer von uns beiden ist denn hier bitte durchgedreht? Und falls es dir entgangen ist: Stella ist inzwischen komplett gaga. Sie hat ihrem minderjährigen Automechaniker einen Mustang zum Valentinstag geschenkt. Ein Auto, Nina! Findest du das normal?«

»Mimi, jetzt hör endlich auf, ihn meinen minderjährigen Mechaniker zu nennen. Ich komme noch in den Knast! Er heißt Brian, B r i a n. Und er ist nicht minderjährig. Was ist überhaupt dabei, Autos zu verschenken? Schon mal was von Gleichberechtigung gehört?«

Ich fühlte mich von meinen Freundinnen ungerecht behandelt. Sie hielten mich wahrscheinlich für realitätsfremd, nur weil ich keine Zweckbeziehung eingehen wollte. Ich wünschte mir eben einen Mr Big! Jemanden, der mich wirklich wollte.

Das schienen sie nicht zu verstehen. Erst schenkten sie mir den Froschkönig und dann unterstellten sie mir auch noch Wahnsinn. Toller Geburtstag. Nur weil ich in der Vergangenheit schlecht »Nein« sagen konnte und deswegen eben immer »Ja, ich will« gesagt hatte ... Es war wie verhext. Und wie sich Betrug anfühlte, wussten die anderen beiden doch selbst gut genug. Das Leben hatte mir einfach übel mitgespielt, aber das würde sich jetzt ändern. Ich war doch schon auf einem guten Weg mit meinem Muster und meinem Coach.

Und auf diesem Weg wollte ich keinen grünen Vibrator benutzen. Nina müsste doch eigentlich am besten wissen, dass Wunder geschehen konnten ... Irgendwie machte dieses Geburtstagsessen mich traurig. Dachten meine Freundinnen wirklich, dass ich so ein hoffnungsloser Fall wäre?

»Mimilein. Wir wollen doch nur dein Bestes. Dein Allerallerbestes! Verstehst du?«, sagte Nina, während sie mir über die Wange tätschelte. Stella hatte Tränen in den Augen.

»Oh Gott, ist mein Leben so schlimm, dass du an meinem Geburtstag anfängst zu heulen?«, wollte ich wissen. Ich fand es ja selbst zum Heulen: Um mich herum schien das Leben nur aus glücklichen Pärchen zu bestehen. Von meinen besten Freundinnen bis hin zu meiner neunundachtzigjährigen Nachbarin waren alle glücklich vergeben.

»Wir lieben dich, Mimi! Wirklich! Weißt du das?«, fragte Stella mit tränenerstickter Stimme. »Und wir möchten einfach, dass du endlich glücklich wirst. Du hast es so verdient!«, und dann kullerten dicke Tränen über ihre Wange.

Stella hatte recht. Ich hatte es verdient. Konnte ja sein, dass ich in meinem früheren Leben das allergrößte Arschloch gewesen war, aber das war lange her und längst abgegolten. In diesem Leben hatte ich der Karma-Kasse wirklich genug Karma-Punkte zurückgezahlt.

Plötzlich begriff ich es. Es gab wirklich keinen Grund für Selbstmitleid und Verzweiflungstaten. Ich war super so, wie ich war.

Ich war es total wert, dass jemand mit mir und meiner welkenden Haut monogam zusammen sein wollte. Und obwohl meine Hormonuhr so laut tickte wie die Wanduhr im unterhessischen Wohnzimmer meiner Eltern, war ich innerlich mit einem Mal entspannt. In mir machte sich endlich die tiefe Gewissheit breit, dass mein Mr Big eines Tages schon noch aufkreuzen würde. Der Mann, der wirklich das gewisse Etwas hatte und der genau so war, wie ich ihn mir wünschte. Und für den ich genau so war, wie er es sich wünschte.

Ich umarmte die heulende Stella und sagte: »Ich *bin* glücklich, ehrlich. Ich hab doch euch! Und so wahr ich hier sitze: Irgendwann werde ich den Richtigen schon noch küssen. Einen monogamen Prinzen aus Fleisch und Blut. Und zwar, ohne durchzudrehen. So, prost, Mädels, jetzt machen wir uns einen schönen Abend! Ich habe nämlich die besten genetischen Anlagen zum Glücklichsein, echt jetzt! Meine

Mutter sagt mir das immer. Und das möchte ich jetzt mit euch feiern. Auf meinen Geburtstag!«

Ich bestellte noch einen Champagner, steckte den Frosch in die Tasche und atmete tief ein und aus.

Auf Messers Schneide

Es lag nicht am Froschkönig. Auch nicht an Nina und Stella. Ich konnte mir selbst nicht genau erklären, woran es lag. Mein Enthusiasmus war wie weggeblasen. Fest stand: Seit jenem Abend beschlich mich die Angst, nicht mehr attraktiv genug zu sein. Wenn ich ehrlich war, hatte ich mich mit zwölf am schönsten gefunden, als ich mit meinen Eltern Ferien in Makarska in meiner kroatischen Heimat machte, wo der dicke Mittsechziger an den Liegestühlen vorbeiflanierte. Es gab von diesem Urlaub ein einziges Foto. Und zwar von mir: Wie ich dalag, braun gebrannt und völlig unschuldig. So ohne Ahnung vom Leben, wie es eben nur Backfische sein konnten. Einfach vor mich hin träumend. Jungs, die mir an den Armhaaren zogen, waren noch in weiter Ferne. Und Sex auch.

Als ich mich jetzt so auf meinem Liegestuhl auf dem Balkon liegen sah, musste ich genau daran denken. Inzwischen hatte dieser Körper einiges hinter sich: ein Kind geboren, auf Sparkassenchefbeerdigungen und auf der Bühne gestanden, sich verliebt und entliebt. Tränen geweint und Verlobte verstoffwechselt, Gin-Tonic-Nächte und Fressattacken weggesteckt. Umwelteinflüsse und schlechte Ernährung ignoriert. Eigentlich war ich wie ein solider Gebrauchtwagen, nur wusste ich nicht, ob ich noch TÜV für die nächsten paar Jahre bekommen würde …

Mein letzter, hysterischer Besuch beim Frauenarzt hatte sich ja leider als ziemlicher Flop erwiesen. Als kompetenter Ansprechpartner für Frauenprobleme aller Art hatte er für mein erschlafftes Bindegewebe nichts Besseres anzubieten gehabt als den sanft-sportlichen Kampf gegen 100 Billionen träge Körperzellen.

Super Idee! Das war es nicht, was mir zur Lösung meiner Probleme vorschwebte. Meine Hautoberfläche mochte von Deformationen befallen sein, mein Gehirn war es nicht. Ein unmögliches Unterfangen erkannte ich immer noch sofort: Ziehe nie in einen Kampf, den du nicht gewinnen kannst. Nie. Das wäre völlig dumm, bescheuert, vergeudete Zeit. Was ich brauchte, war einfach ein anderer Arzt. Ich brauchte einen Profi, keinen Turnlehrer. Einen hochbegabten Schönheitsdoc. Es musste doch eine verflixte Therapie geben gegen die löchrige Großfamilie auf meinem Körper.

Wer könnte da besser Bescheid wissen als Stella, fiel mir ein. Da sie ja immer noch mit ihrem jungen Lover ausgiebig Beischlaf hatte, musste sie ihren natürlichen Alterungsprozess professionell aufhalten lassen. Selbstverständlich hatte sie ein paar gute Experten bei der Hand:

»Du musst unbedingt zu Dr. Nektarios, er ist ein GOTT, Mimilein. Der kann alles, der schraubt dir sogar eine dritte Titte an, wenn du möchtest!«, sagte Stella begeistert, während sie einen Low-Carb-Chai-Latte mit Süßstoff trank und ich einen Cappuccino mit extra viel Sahne und Schokoraspeln drauf.

»Er heißt Dr. Nektarios ... Dr. Narkissos Nektarios.«
Ich musste lachen. »Dr. Nektarios? Im Ernst? Der Mann,

der Ihr Wellblechdach wieder so glatt macht wie einen Pfirsich«, witzelte ich. »Er ist Grieche, du dummes Ding, und ich würde an deiner Stelle keine Scherze über ihn machen, er ist nämlich auf hundert Jahre ausgebucht, und wenn du so weiterquatschst, bekommst du bei deinem schlechten Karma sicher keinen Termin mehr«, frotzelte Stella.
»Na gut, na gut«, antwortete ich. »Dann sage ich jetzt einfach mal: Mach mir die Pfirsichhaut, Dr. Nektarios! Nomen est omen, dein Name sei mein Programm!«

Dank Stella bekam ich sofort einen Termin bei diesem Helden der Haut. Ich musste allerdings nach München fliegen. Dort empfing mich der griechische Gott in seinem Schönheitstempel, bestückt mit Designermöbeln und großformatiger Kunst. Das Sprechzimmer war so groß wie meine gesamte Wohnung. Aus einer riesigen Vase, auf der sich zwei nackte, griechische Jünglinge die Zunge in den Hals steckten, prangten die größten Lilien, die ich je gesehen hatte. Sie verströmten einen so intensiven Duft, dass ich im Zehnsekundentakt niesen musste.

Stella hatte mich schon vorgewarnt, ich solle mich von seiner »Beletage« und seinem »Look« nicht einschüchtern lassen. Dafür war es leider schon zu spät. Bereits am Empfang war ich so sprachlos gewesen, dass ich mir blöderweise keine Preisliste hatte geben lassen. Dass sich in diesen luxuriösen Praxisräumen nicht mal ein Stiftehalter von Ikea fand, wertete ich als Zeichen dafür, dass der Doc irgendwoher sehr, sehr viele Drachmen bekommen musste. Und ich nahm an, die bekam er von Luxusfrauen wie Stella, die ihre Verschönerungen aus der Portokasse bezahlten. »Das machen wir schon!«, hatte sie mir noch zuversichtlich vor der Praxis nachgerufen und dabei vergessen, dass ich keine solche Portokasse besaß. Ich hatte nicht mal einen Führerschein, geschweige denn einen Verlobten. Ich hatte chronisch Löcher in den Taschen und auch sonst überall ...

Irgendwie beschlich mich das Gefühl, das hier könnte eine Nummer zu groß für mich sein. Ein Blick auf die Dellen an meinen Waden reichte allerdings aus, um dieses Gefühl im Keim zu ersticken. Die waren eindeutig auch eine Nummer zu groß für mich. Und selbst, wenn ich die nächsten vierzig Jahre monatliche Raten an Dr. Nektarios abstottern müsste: Das alles wäre es mir wert ...

Während ich die Jünglinge auf der Petting-Vase inspizierte, flog die Tür auf, und Dr. Nektarios rauschte in seine Beletage. Er war sehr groß und, wenn man mich fragt, sehr ... gemacht. Selten habe ich jemanden gesehen, der den Vornamen Narkissos so zu Recht trug wie er. Er strotzte nur so vor Eigenliebe. Und ganz offensichtlich hatte er alles schon mal an sich selbst ausprobiert. Das wiederum sprach für seine Seriosität. Als er mir die Hand schüttelte, schwante mir, dass das Griechenpaar nicht nur versehentlich auf seiner Vase züngelte.

»Frau Fiedler! Willkommen in meiner Praxis«, flötete er. »Stella hat mir nur Positives von Ihnen berichtet.«

Was genau konnte Stella ihm denn berichtet haben? Dass ich in einem früheren Leben mal ein Arschloch gewesen war und unschuldige Kinder beschimpfte, hatte sie wahrscheinlich verschwiegen. Da ich nicht wusste, was ich darauf sagen sollte, starrte ich ihn einfach weiter an. Hatte er etwa auch angeklebte Haare? Dieser Haaransatz war ihm doch unmöglich von Natur aus so gewachsen ...

Die Vorzimmerdame brachte Kaffee und Kekse und unterbrach mein Anstieren. Dr. Nektarios sagte: »Sie haben Unannehmlichkeiten auf Ihrer Haut, ist das richtig?«
»Süß«, dachte ich. »›Unannehmlichkeiten auf der Haut‹ ... Wenn der wüsste. So was wie mich hat der wahrscheinlich selten gesehen!«

»Also, ich kann Ihnen das ja mal zeigen, Herr Doktor«, entgegnete ich, wieder im Besitz der Sprache, und schob mein Kleid bis über die Unterhose hoch. Ich drehte mich in Windeseile um und kniff meinen Allerwertesten zusammen.
»Sehen Sie, was ich meine? Das habe ich am ganzen Körper. Am ganzen! Auch an ...«, ich machte eine Kunstpause, »den Waden!«
Ich ging davon aus, dass er nun sofort den OP für eine Notoperation herrichten ließe, und verkündete:

»Ich bin bereit! Ich bin nüchtern!«

Er verstand offensichtlich nicht ganz und antwortete: »Naja, wenn Sie um diese Zeit schon betrunken wären, dann würde ich Sie jetzt auch lieber zu einem anderen Arzt schicken ...«
»Haha, lustig«, dachte ich und erklärte: »Nee, ich meinte, ich habe heute noch nichts gegessen und getrunken. Also wegen der OP. Verstehen Sie? Wir machen doch heute eine OP?«

Dr. Nektarios klärte mich darüber auf, dass heute nur das Vorgespräch wäre und er eine Anamnese erstellen müsse, bevor es überhaupt in den Operationssaal gehe. Einen Eingriff dieser Art könne er nur unter Vollnarkose machen. Und dann kniff Narkissos mit einem Messgerät in meine Löcher und wollte wissen, was ich denn schon ausprobiert hätte. Ich berichtete von meinen Spezialdragees, Spezialcremes, Spezialkörperölen, Spezialgels und Spezialbädern, von den Spezialstrumpfhosen, Spezialtees und dem vielen Spezialpulver.

»Nichts hat geholfen, Herr Doktor. Nicht mal Lymphdrainagemassagen! Ich bin am Ende. Ich will keine Orangenhaut, ich will so glatt aussehen wie eine Nektarine, und so heißen Sie doch: NEKTARIOS! Das ist doch kein Zufall!« Mir lief eine Träne über die Wange. »Sie haben doch ganz offensichtlich eine Aufgabe hier auf der Erde. Das spüren wir doch beide. Oder?!«

Ich war sicher, das würde ihn überzeugen. Ich wollte unbedingt in diesen Operationssaal.

Er ließ sich weder von meinen Tränen noch von meinen Spezialdragees beeindrucken, sondern stellte ganz fachmännisch die Gretchenfrage, die ich gerade erst von meinem Frauenarzt gehört hatte:

»Wie halten Sie es denn mit dem Sport, Frau Fiedler?«

Ich atmete tief ein und hielt den Atem an. Ich hoffte, die Frage verschwände, wenn ich sie nur lang genug ignorierte. Aber sie blieb im Raum stehen. Also atmete ich wieder aus und sagte: »Ich mache ... also ich mache ... ähm ... Marathon.«

Mir fiel so spontan leider keine bessere Lüge ein, um in diesen verfluchten OP-Raum zu kommen. Minigolf wäre zwar näher an der Wahrheit gewesen, aber eben nicht näher an der OP. Wenn ich also trotz Hochleistungssports immer noch so aussähe, dann müsste er mich doch operieren. »Sie machen Marathon?«, der Doc hob erstaunt die Augenbrauen. »Jap, Marathon«, antwortete ich knapp. Er schaute mich etwas irritiert an und fragte weiter: »Welchen sind Sie denn zuletzt gelaufen?« Und da ich nur einen kannte, sagte ich: »New York.«

Dr. Pfirsich hakte superinvestigativ nach: »Und in welcher Zeit?«

Ich verstand seine blöde Fragerei nicht: »Äh, morgens halt.« Natürlich meinte er nicht die Tageszeit, sondern die Zeit, in der ich den Marathon gelaufen war. Ich hatte keinen Schimmer, wie schnell man so ein paar Kilometer rennen konnte. Ich sagte: »Also, da muss ich kurz nachdenken, ist ja schon ein paar Monate her, ähm, also ... hmm ... ah, jetzt hab ich's: Zwei Stunden habe ich gebraucht. Bissl weniger vielleicht.«

Dann war es erst mal eine Weile still. Der griechische Gott betrachtete mich wieder und sagte dann:

»Das war ja dann der absolute Weltrekord, Frau Fiedler. Sie haben sogar den Weltrekord der Männer geschlagen. Gratuliere!«

Mist. »Mist, Mist, Mist,« dachte ich. »Scheißlöcher, Scheiß-OP, Scheißmarathon! Woher soll ein normaler Mensch wissen, in welcher Zeit man diese Strecke läuft?«

Ich sagte etwas betreten: »Gibt's nicht irgendwas, was Sie jetzt machen könnten? Auf die Schnelle? Irgendwas, das sofort hilft? Irgendwas gegen Fett?«

Dr. Nektarios war nicht nur streng, sondern vor allem auch geschäftstüchtig. Er erläuterte mir, ich sollte mich lieber erst mal weiter auf meinen »Marathon« konzentrieren.

Bevor die Patienten nicht zuerst alles an Sport und Ernährungsumstellung versucht hätten, würde er gar nichts machen. Außerdem sei ich erst in Stadium II. Da wäre noch 'ne Menge Luft nach oben, könne er mich beruhigen.

Aber unter meinen Augen, da sehe er ein erschlafftes Bindewebe und da könne er tatsächlich heute etwas machen – mit Fett. Und zwar mit Eigenfett! Er würde mir das aus dem Gesäß nehmen und mich dann damit unterspritzen. Das lasse mich sehr viel jünger wirken, und ich könne mich dann noch besser auf mein »Training« konzentrieren.

Hä?! Er wollte aus mir ein Arschgesicht machen? Klar, ein Arschloch verdient ein Arschgesicht! Jetzt hatte ich also auch noch schlaffes Bindegewebe unter meinen *Augen*? Super! Ganz, ganz toll. Das hatte noch nie jemand zu mir gesagt. Der Grieche toppte sogar die »Pummel-Mimi«. Ich überlegte kurz, ob ich Narkissos nicht einfach hier mitten in seiner Beletage auf seinem Designerteppich erwürgen sollte ... Doch dann meldete sich die Vernunft, und ich rannte zum nächsten Spiegel. Und tatsächlich: Jetzt, wo er es sagte, sah ich es auch. Total schlaff. Schlaffer als schlaff. Ich war schockiert.

»Okay, gut. Dann ... dann machen wir das«, stammelte ich. »Und wenn Sie mir Fett aus dem Po nehmen, bin ich doch sicher danach auch etwas dünner, oder? Alles klar, ich bin bereit.«

Ich sprang auf.

»Nicht so schnell, junge Frau«, sagte Dr. Pfirsich. »Ich muss Sie erst über alles aufklären, bevor wir loslegen.«

Und das tat er dann. Erst ein bisschen Dormicum, dann würde das Fett entnommen, verarbeitet und unter die Augen gespritzt, die Schwellung gehe nach etwa drei, vier Tagen weg, und danach sähe ich dann mindestens fünf Jahre jünger aus.

»Immerhin«, dachte ich. »Immerhin jünger oberhalb des Halses. Und immerhin weniger Fett am Po.« Mein Tag war gerettet. Der heilige, wunderbare Nektarios, der Arzt, dem die Frauen vertrauten. Um einige Jahre jünger? Juhuuu! Und wer weiß, vielleicht käme ich, so jung, wie ich dann wäre, doch noch auf die Idee, einen Marathon zu laufen. Ein klitzekleines Marathönchen. »Man soll sich nie aufgeben«, sagte meine Mutter immer.

Dr. Pfirsich hat dann mit einer dicken Nadel das Fett aus meinem Po unter meine Augen gespritzt. Ich reagierte natürlich anders darauf als alle Patientinnen zuvor. Aber warum sollte bei mir mal was glattlaufen?

Ganze fünf Wochen danach ähnelte ich noch immer einem Preisboxer. Ich war grün und blau und braun und violett um die Augen, und die Schwellung war nach vier Tagen nicht weg, sondern hatte gerade erst ihren Höhepunkt erreicht. Ich sah aus, als ob man einer Chinesin zwei bunte XXL-Kartoffeln in die Tränensäcke geschoben hätte.

Stella kommentierte mein farbenfrohes Aussehen trocken: »Kleine Sünden bestraft der liebe Gott sofort, meine süße Weltrekordhalterin.«

Als die Schwellung endlich weg war, sah ich wirklich jünger aus. Also wenigstens im Gesicht. Frischer irgendwie. Dr. Pfirsich wusste wohl doch, wie es geht. Ich war hochzufrieden über meine Fortschritte: Erst hairfree und jetzt Augenringe-free. Schon mal zwei Etappensiege im Kampf gegen die Natur. Meine ultimative Body-Challenge wäre noch, irgendwann die Schwerkraft zu überwinden. Mimi im Ring gegen die Schwerkraft: Chakaaaaa! Als Gegner den inneren Schweinehund. An die eigenen physischen Grenzen stoßen. Und wenn es bedeutete zu laufen, so weit die Füße trugen.

Aber auf der anderen Seite: Beim Marathon sah man die Athleten am Start immer nur von hinten und danach nie mehr wieder. Das wäre für eine Schauspielerin ganz ungünstig. Das passte doch gar nicht zu mir. In Wahrheit liefe ich am Ende doch nur gegen mich selbst und die Zeit, die sich ohnehin nicht anhalten ließe ...

Nach dieser tiefsinnigen Erkenntnis trugen mich meine Füße, so weit ich laufen wollte, nämlich ins nächste Café. Ich bestellte mir einen leckeren Cappuccino und ein Stück Schokotorte. Hochgefühl! Ziel! Finish!

In jeder Elite eine Niete

Ich bin doch schon irgendwie süß, oder? Intelligent auch. Und künstlerisch tätig. Und mein eigenes Geld verdiene ich auch. Warum finde ich eigentlich keinen gescheiten Mann?«, wollte ich von meiner Freundin Nina wissen.

»Du fühlst dich halt zu Patienten hingezogen und schreibst jeden normalen Mann ab«, war ihre simple Antwort.

Ich fragte Nina nach ihrem Dating-Portal für elitäre Menschen mit Niveau. Ich dachte mir, also wenn's für Nina da einen so tollen Mann gab, könnte doch auch einer für mich dabei sein.

Meine biologische Uhr tickte schließlich, und ich hatte die Karma-Polizei im Nacken. Ich hatte die Nase voll davon, allein im Restaurant zu sitzen und Spaghetti aglio e olio zu vertilgen. Erst recht hatte ich genug von männlichen Exemplaren, wie sie mir in letzter Zeit in die Quere gekommen waren. Vielleicht konnte ich ja auch im Internet einen gescheiteren Mann finden? Einen Versuch könnte ich noch starten, diesmal mit Niveau. Die Trefferquote müsste dort deutlich höher liegen als unter angeschickerten Vollpatienten abends an der Bar.

Bei einem Dating-Portal könnte ich immerhin im Ausschlussverfahren vorgehen: keine Italiener! Diese Methode klang vielversprechend.

Ich hatte ja mein Coaching fast hinter mir und war kurz davor, mein Muster zu durchbrechen. Also auch keine Patienten mehr! Und im Internet könnte ich mir exakt meinen Traummann backen lassen: Vorlieben, Hobbys, Kinder: ja oder nein, Beruf, Haarfarbe, Körpergröße und Herkunft – alles. Es war wie im Supermarkt, aber viel besser sortiert. Damit würde ich mir künftig Jagdszenen in freier Wildbahn ersparen.

Ich wählte den von Nina empfohlenen Premiumanbieter unter den Partnervermittlungen. Dessen Service-Credo lautete: »Jede Anmeldung wird im Rahmen des Niveau-Filters sorgfältig geprüft und entschieden, ob der Teilnehmer passt. Deshalb sind die Kontaktvorschläge hier besonders interessant.«

Elitär mit Bildung: Das klang mehr als vielversprechend. Vielleicht würde ich da sogar Prinz Harry treffen. Den hätte ich mit seinen roten Haaren und seinem Dreitagebart als Kontaktvorschlag tatsächlich als besonders interessant eingestuft.

Ich fand, wir wären wie füreinander geschaffen. Dass er auf Schauspielerinnen stand, hatte sich ja später bei der Hochzeit mit Meghan herausgestellt.

Als frischer Single träumte ich von Prinz Harry und davon, wie stolz ich meine Eltern machen würde. Meine Mutter wäre im blaublütigen Dauerrausch, weil wir ins Königshaus eingeheiratet hätten. Meine Auftritte im Hochglanz-Schmuddelblatt wären dann wirklich vergessen, und ich wäre, ganz in Weiß mit ganz viel Spitze und ganz viel Schleppe, in jedem Frauenmagazin der Welt zu sehen. Das alles wäre der Beweis dafür, wie hochfortschrittlich das britische Königshaus doch eingestellt war: Ein kroatisches Ex-

Playmate, das durchs deutsche Fernsehen flimmerte, gebar den britischen Thronfolger. Was für eine tolle Rolle: ich als Grace Kelly in der Gastarbeiterversion. Und meine hundert vorausgegangenen Verlobungen hätten dabei nur als Fingerübungen für die royale Hochzeit mit Prinz Harry gegolten. Mimi, Duchess of Sussex! Hach!

Unserem Glück stand leider im Weg, dass er auf den Monat genau zehn Jahre jünger war als ich und die Queen sicher »not amused« über unsere Verbindung gewesen wäre. Also nix mit »Ein Herz und eine Krone«. So viel Realismus konnte ich aufbringen.

Aber ich war inspiriert. Wenn mir Harry schon nicht vergönnt war, dann sollte es wenigstens etwas anderes Nobles sein. Ich also rein in Ninas elitäres Dating-Portal, Persönlichkeitstest ausgefüllt, Fotos hochgeladen, und »on« war die Mimi. Das kluge Internet vergab »Matching-Points« an die Teilnehmer. Wer fleißig Punkte sammelte, passte zu mir, je mehr, desto besser. Wie bei der Brotkarte beim Bäcker. Auf diese Weise sollte ich nur die Sorte Mann bekommen, die mir schmeckte. Die faulen Eier würden gleich aussortiert. Ich freute mich auf meine ersten Bewerber.

Ich machte mir einen Kaffee, und als ich nach fünfzehn Minuten zurück an meinen Schreibtisch kam, sah ich, dass das kleine weiße Briefsymbol inzwischen blau blinkte. »Das blinkt aber hysterisch«, überlegte ich. »Jetzt schon Post?! Kann doch nicht sein ...«

Doch, es konnte. In meinem Postkasten tummelten sich »Hey's« und »Na, du's« und Kommentare wie »Heißes Foto!« oder »Lecker!«

Ich fragte mich, was an einem Foto, auf dem mein Gesicht verpixelt war, heiß sein konnte. Ich konnte ja unmöglich Fotos von mir zeigen, auf denen ich zu erkennen war.

Auf meiner Suche nach Prinz Harry wollte ich ganz sicher nicht in der BILD-Zeitung landen: »Mimi Fiedler im Internet-Liebesabgrund. Wie verzweifelt ist sie?« Wer wusste denn schon, wen man auf solchen Portalen traf … Da war zwar die Rede von Diskretion und maximalem Datenschutz, aber was, wenn die schönen und reichen Bewerber zwischendurch auch mal fernschauten?

Deswegen war mir umso schleierhafter, was sie mit »lecker« oder »heiß« meinten. Ich überlegte, ob so niveauvolle Menschen vielleicht nur durch Intellekt erotisiert würden. Womöglich fanden sie meinen »Über mich«-Text heiß? Aber außer, dass ich gerne Pasta aß, stand da nicht viel Leckeres und Heißes …

»Ach, zum Teufel mit dem Portal«, dachte ich, »das Internet sortiert die Vollpatienten auch nicht aus«, und wollte mich in einem Anflug von Vernunft schnellstmöglich wieder abmelden.

Gerade als ich dabei war, den ganzen Klumpatsch wieder zu löschen, blinkte noch einmal das kleine Briefsymbol. Ich wollte mich eigentlich nur rasch vergewissern, dass meine prompte Abmeldung die absolut richtige und weise Entscheidung wäre und sich im Netz ganz sicher kein Prinz Harry rumtriebe … und bling:

Post von Dr. phil. habil. Tassilo F. von Reischfels

Wow! Dr. phil. habil.? Und dann noch ein »von«? Die ganze Packung? Mit Geschenkschleife? Ich war »on fire«. Das Foto: Fantastisch! Ein echter Prinz Harry, eine sexy Mi-

schung aus »Bad Guy« meets Adel. Meine Fantasie lief auf Hochtouren. Kaum dass ich die erste Zeile gelesen hatte, war ich im Geiste schon mit dem deutschen Hochadel verheiratet. Tassilo F. schrieb elegant und zurückhaltend und beendete seine kleine Botschaft mit:
»P.S.: Ich liebe Pasta!«

Ich ergriff meine Chance und schrieb dem Blaublüter eine erste Nachricht und ließ gleich weitere folgen: Was hatte Tassilo-Harry eigentlich für Hobbys (doch hoffentlich nicht Tontaubenschießen und Kaninchenjagd)? Was genau erwartete er von einer Beziehung? Trug er Cordhosen und Budapester-Schuhe? Und was machte er eigentlich beruflich?

Seine detaillierte Antwort ließ sich so zusammenfassen: Dr. phil. habil. wuchs als Diplomatensohn in Israel, Ungarn und Schweden auf. Dann studierte er Wirtschaft und Philosophie, und weil ihm das noch nicht genug war, Kunst und Internationale Literatur, Philologie und Judaistik an der Sorbonne in Paris. Dann ging's weiter in die Schweiz, es folgten Oxford und Harvard. Seinen PhD bekam er an der Uni Leiden für seine Forschung zu »Die Grenzen der Metaphilosophie«, und die Habilitation erlangte er an der Hebrew University of Jerusalem. Seitdem pendelte Tassi zwischen New York, Berlin und Paris.

Ich war geflasht. Ich war in einem unterhessischen Kaff als Kind kroatischer Gastarbeiter aufgewachsen, und meine Mutter schrieb bis heute Deutschland ohne »t«, weil sie da einfach keines hörte.

Und ich hatte leider auch nur ein abgebrochenes Literaturstudium vorzuweisen, das ich gegen eine Karriere beim Fernsehen eingetauscht hatte.

Ich betrachtete noch mal die Fotos, die mein neuer Traumprinz hochgeladen hatte. Mann, war der sexy! Entfernt erinnerte er an den Brad Pitt aus Stellas Marmorbad. In Älter und Reifer. Und dabei erfolgreicher. Bei seinem Anblick bekam ich sofort einen Anfall von Sapiosexualität. Es folgten einige Telefonate, dann war der Zeitpunkt für das erste Date gekommen.

Wo wir uns denn treffen sollten, fragte ich.

»Die Dame wählt aus«, entschied er galant. Seine Zeit könne er frei einteilen, er sei Privatier.

»Privatier?«, fragte ich, »Was macht denn so ein Privatier?«

Er verwalte Vermögen – und zwar sein eigenes – und außerdem berate er Menschen in einflussreichen Positionen. Das zum Beispiel mache ein Privatier.

Ich war verzückt. Ein adeliger, gut aussehender Vermögensverwalter.

Das gute Internet! Wir verabredeten uns in Berlin. »Erst mal auf einen Kaffee im Foyer des Ritz Carlton«, bestimmte dann doch der Herr. Er habe dort eine geschäftliche Verabredung, und wir könnten uns doch nach seinem Termin ganz ungezwungen kennenlernen.

Kennenlernen? Lernten wir uns nicht seit zwei Wochen kennen? Und was sollte das überhaupt heißen, »ungezwungen«? Ich war bereits völlig ungezwungen, geradezu entfesselt. Im Geiste war ich mit ihm schon – ganz kultiviert natürlich – jede Position in jedem Bett eines jeden Luxushotels durchgegangen. Mein Gott, war ich aufgekratzt! Aber ich wollte natürlich nicht wie eine ausgehungerte Irre daherkommen.

Also schrieb ich ihm dezent zurück, das Ritz Carlton passe perfekt. »Eines meiner Lieblingshotels, wenn ich in Berlin absteige«, dichtete ich. Dass ich bereits bei Secret Escapes nach Luxusherbergen an der französischen Riviera gegoogelt hatte (nur für den Fall, dass der Privatier Dr. phil. habil. mich spontan zu einem Wochenendtrip einlüde), erwähnte ich natürlich nicht.

Im Taxi auf dem Weg ins Ritz Carlton, zurechtgemacht wie eine Festtagsgans, rief ich meine Freundin Nina an und bedankte mich für den grandiosen Tipp mit dem Dating-Portal.

Im Rederausch erzählte ich ihr jedes Detail: wie unglaublich süüüüß meine Trophäe sei und wie megaerotisch. Und: »Stell dir vor, Nina, er ist Privatier!« Allein das Wort machte mich ganz wuschig.

Nina schwieg kurz und fragte dann: »Und wie alt ist er?«

Ich überlegte. »Vier Jahre jünger als ich«, sagte ich, und Nina sagte wieder nichts. Ich begann, mich zu rechtfertigen: »Äh, Nina, aber das macht doch nix. Vier Jahre, das ist doch völlig okay. Stella ist doppelt so alt wie ihr Automechaniker.«

Nina unterbrach mich: »Er hat mit achtunddreißig sechs abgeschlossene Studiengänge? Einen Doktor in Philosophie? Und ist habilitiert? War in Harvard *und* an der Sorbonne? Eine Mondlandung hat er nicht zufälligerweise auch noch hingelegt?«

Was sollte das? Wollte sie mir den Spaß verderben? »Naja, also wenn der mit zwanzig angefangen hat zu studieren, da kann man doch in achtzehn Jahren sechs Studiengänge abschließen, der ist halt megaschlau, das merkt man schon, wie der schreibt, Nina«, verteidigte ich mein Prachtexemplar.

Nach einer kurzen Gesprächspause fragte Nina mich nach seinem vollen Namen: »Ich recherchiere das jetzt!« Es klang wie eine Drohung: Sie arbeitete für ein Boulevardmagazin im Fernsehen. Lügengeschichten aufzuspüren war ihr Job.

Mittlerweile war ich im Ritz angekommen und irgendwie sauer auf Nina. Warum sollte sich denn kein unter vierzigjähriger, reicher Privatier für mich begeistern, der megaschlau, supersexy und adlig war? War sie neidisch? Ihre Vorurteile gingen mir nicht in den Kopf. Hatte nicht die künftige Königin von Schweden, Kronprinzessin Victoria, sogar ihren ehemaligen Fitnesstrainer geehelicht? Nina tat gerade so, als ob ich zwei Wochen lang einem Hochstapler aufgesessen wäre. Dabei war das wegen der strengen Auswahlkriterien des Dating-Portals schlicht unmöglich.

Im Foyer platzierte ich mich in einem standesgemäßen Ascot-Outfit auf einem großen Sessel. Ich bekam Herzrasen. Nicht weil ich an Ninas Schwarzmalerei glaubte, sondern weil ich die Befürchtung hatte, ich würde aus meinem Körper treten und den heiß ersehnten Prinzen gleich hier an Ort und Stelle zum Beischlaf zwingen.

Dann kam er. Groß gewachsen und superadlig. Das war niemals ein Fake. Ich kann schließlich auch eine echte Louis-Vuitton-Tasche von einer vom türkischen Basar unterscheiden. Dr. phil. habil. sah echt aus. Echt heiß. Genau wie auf dem Foto. Ich hätte am liebsten Flickflacks im Foyer geschlagen und dabei geschrien:

»Drei, zwei, eins – meins!«

Er trug tatsächlich Budapester und hatte sogar ein Einstecktuch. Obwohl ich davon sonst nicht so der Fan bin, turnte er mich so an, dass mir zur Begrüßung rausrutschte: »Ich würde dich wirklich sehr gerne bumsen, wenn du gestattest.«

Ich wurde knallrot. Es war unkontrolliert aus mir herausgebrochen, der ganze Stausee der letzten zwei Wochen brach die Dämme der guten Erziehung. Er lachte, charmant und gesittet, ganz Diplomatenkind, und sagte: »Nicht so voreilig, junge Dame!«

»Oh, verzeih, ich bin untröstlich über meinen Fauxpas«, entgegnete ich verunsichert. Sicherheitshalber hatte ich mir vorher den Adels-Slang draufgeschafft. Auch wenn »Bumsen« vermutlich nicht im Handwörterbuch für Hoheiten zu finden war.

Just in dem Moment vibrierte mein Handy.

»Einen Moment, ich schalte nur eben mein portables Telefon aus.« Dabei überflog ich die Nachricht, die Nina mir soeben geschickt hatte:

»Die von Reischfels' sind 1737 ausgestorben. Hast du dummes Huhn den nicht vorher gegoogelt?«

Natürlich hatte ich – oder sagen wir es mal so: Ich hatte seine Homepage angeschaut. Und da stand ja alles, was ich wissen musste. Sein ganzer Lebenslauf, schwarz auf weiß, inklusive einer Ahnengalerie. Mit lauter ausgestorbenen Ahnen …

Entflammt, wie ich war, wollte ich derlei Bedenken nicht hören. Nina sollte die Schnauze halten und sich nicht in unsere Angelegenheiten einmischen. Aber mein Kopf erwachte zum Glück wieder aus seiner Schockstarre und schüttelte den massiven Östrogenüberschuss der letzten zwei Wochen ab.

Ich fragte Dr. phil. habil.: »Sag mal, Hochwohlgeboren, wenn die von Reischfels' 1737 ausgestorben sind, wie kommt es dann, dass du so frisch aussiehst, so knapp dreihundert Jahre später?«

Dann sah ich alles nur noch wie im Film. Er erklärte und schwafelte, plapperte und stotterte, und ich fragte mich, wie verzweifelt ich sein musste, zwei lange Wochen meines Lebens einem solchen Scheiß aufzusitzen. Sorbonne *und* Harvard!?! Das hätten doch selbst meine verstrahltesten Hormone schnallen müssen.

Dr. phil. habil. war nicht mein Mr Big, sondern ein Schuss in den Ofen und ein Heiratsschwindler. Der dachte, nach allem was ich über mich erzählt hatte, er greife einen reichen Filmstar ab. Und ich dachte, ich greife einen reichen Adeligen ab.

Insofern hatten wir uns auch ein klein bisschen verdient. Das Universum hatte wahrscheinlich eine Menge Spaß an unserer Korrespondenz. Das nennt man wohl ausgleichende Gerechtigkeit.

Wir haben dann trotzdem miteinander gebumst. Und uns nie mehr wiedergesehen.

Am nächsten Tag habe ich sofort versucht, bei der Hotline des Dating-Portals die Kündigung meines Zweijahresvertrages zu erwirken. Fehlanzeige! Selbst das Argument, dass die Kandidatenliste locker mit den Zombies aus Michael Jacksons »Thriller« mithalten könnte und diese Geisterreise eine Zumutung gewesen wäre, ließ die Dame nicht gelten.

»Wir prüfen alle Bewerber sehr sorgfältig. Glauben Sie mir, Frau Fiedler. Aber in jedem Nest ist nun auch mal ein faules Ei«, witzelte sie und fand das Sprichwort an dieser Stelle suuuuperlustig. »Und immer schön auf die Matching-Points achten!«

Ich hatte echt die Schnauze voll von faulen Eiern. War es denn zu viel verlangt, sich einen Mr Big zu wünschen? Meine Online-Ausflüge beendete ich sicherheitshalber trotzdem und verlegte die Versuche, meinen The-One-and-Only zu finden, wieder zurück in die Wildnis.

Oh Schreck, ein Fleck

Nina musste für ein paar Tage nach New York, weil sie dort eine Promi-Geschichte fürs Fernsehen recherchierte, und Stella fand, wir sollten sie begleiten. »Das wäre doch die Chance auf ein ›Sex and the City‹- Revival«, meinte Nina. »Ich arbeite ein bisschen, und zwischendrin gehen wir shoppen. Und abends machen wir die Stadt unsicher, Ladys!«

»Und wenn nicht da, Mimi, wo findest du sonst deinen Mr Big?«, schob Stella nach.

Sie mussten mich natürlich nicht lange bitten. Ich hatte gerade sturmfreie Bude, meine Tochter war nämlich im Ferienlager, und Stella hatte sowieso dann frei, wann sie es wollte.

Nach New York – au ja! Da wohnten unsere Heldinnen Carrie Bradshaw & Co., und ich war noch nie da gewesen. Ich, hin und weg von dieser grandiosen Idee, schaute hintereinander noch mal alle Folgen von »Sex and the City«.

Sechs Staffeln mit vierundneunzig Episoden – so gut hatte ich mich noch nie auf eine Reise vorbereitet.

Die allerersten Folgen sind mir bis heute so präsent, dass jedes Gerücht über eine Fortsetzung bei mir für Hysterie sorgt. Wann immer ich mir die Serie anschaue, löst sie in mir dieses wunderbare Gefühl meiner späten Jugend aus.

Meiner *sehr* späten Jugend, zugegebenermaßen. Ich habe es tatsächlich geschafft, meine Teenagerzeit erst mit Anfang dreißig zu beenden. Und das, obwohl ich früh Mutter geworden bin.

Ich war gerade frisch geschieden, als die Ausstrahlung in den USA startete. Also war ich pünktlich bereit für vier Singlefrauen aus New York, die über Sex redeten, wie Frauen noch nie zuvor über Sex geredet hatten. Vier unterschiedliche Supernovas, alle schlagfertig, alle sexy. Carrie, Charlotte, Miranda und Samantha – vier Weiber mit Charakter, coolen Jobs und Klamotten von unbekannten New Yorker Designern, die erst durch sie durch die Decke gingen wie die Apollo 11 ins Universum.

Als »Sex and the City« endlich bei uns im TV anlief, stand ich in der Blüte meines Lebens. Statt Carries Fendi-Tasche besaß ich zwar nur eine abgewetzte Louis Vuitton aus dem Secondhandladen, dafür war mein Bindegewebe noch in Topform, und ich konnte alles tragen. Ich fühlte mich superchic in meinem Tüllrock mit einem geknoteten Männerhemd und Spitzenbustier drunter. Ich benutzte – wie so ziemlich alle meine Freundinnen – Sprüche wie »Ich will mein Vermögen haben, wo ich es sehen kann: zu Hause in meinem Kleiderschrank!« oder »Frauen sind für Freundschaft da, Männer zum Vögeln!« Mein neues Credo war: »Vielleicht müssen wir das loslassen, was wir waren, um das zu werden, was wir sein sollen!«

Als meine Tochter vier war, durfte sie die Wiederholungen mitschauen, denn ich war völlig angeknipst von der neuen Art des Frauseins und der Meinung, dass das auch suuuuper für sie wäre. Bei den »richtigen« Erwachsenenszenen schaltete ich einfach um, so wie meine Eltern früher auch, wenn sich wer im Fernsehen küsste. Meine Tochter hätte mit ihren vier Jahren eine supermoderne Haltung zum Frausein, dachte ich so, voll fortschrittlich.

Diese lässige Haltung musste ich dann aber überdenken, als meine Tochter meine Mutter eines Morgens auf dem Weg zum Kindergarten fragte, ob ihre Vagina auch Depressionen habe. Am Abend zuvor erzählte Charlotte ihren Freundinnen nämlich, ihre Vagina sei depressiv. Meine Mutter legte eine Vollbremsung hin und fragte meine Tochter, woher zum Teufel sie so was habe. Meine Tochter antwortete wahrheitsgemäß: »Na, von der Freundin von der Mamma, von der Charlotte.«

Meine Mutter hat mir dann eine Standpauke gehalten, als wäre ich grenzdebil: Zu was für Frauen ich überhaupt Kontakt habe. Und wieso die Depressionen in ihrer Vagina hätten und warum sie das ausgerechnet meiner vierjährigen Tochter mitteilen müssten.

Ich dachte mir zwar, dass die Frage gar nicht sooooo abwegig gewesen war, hielt aber lieber meinen Mund.

Den gemeinsamen Fernsehabend strich ich vernunfthalber und setzte meine Tochter wieder vor die Teletubbies. Allerdings unter starkem Protest meiner emanzipierten Vierjährigen, die sich den Spaß an den Dates mit meinen New Yorker Freundinnen nicht nehmen lassen wollte. Und da sie damals schon ziemlich charakterstark war, hockten wir bald wieder gemeinsam vor der Glotze – sie mit Milch und Keksen und ich mit einem ziemlich schlechten Gewissen.

Nun saß ich da, über den Wolken, in Erinnerungen schwelgend. Was hatten wir drei nicht schon alles zusammen erlebt! Unsere gemeinsamen Erlebnisse waren legendär, wir haben geheult und gelacht, die Sau rausgelassen, gemeinsam Liebeskummer durchgestanden und unseren Frust an der Bar ersäuft. Wir haben Tränen gelacht über unsere kleinen Schwächen, vor allem aber über die der Männer, die unsere Leben kreuzten: echte Frauenfreundschaft eben. Mit einem Mann hatte ich bislang nicht so viel Glück gehabt.

In meinem Carrie-Tüllrock fühlte ich mich fast schwerelos. Alles hatte ich eingepackt für meinen ersten Auftritt in New York: Meine wirklich hohen Louboutins, die wir natürlich seit »Sex and the City« vergötterten, obwohl außer Carrie Bradshaw wirklich keine Sau gut darin aussah und bei mir die Orangenhaut an den Waden hervortrat. Aber das war mir völlig egal. Hauptsache, einmal in den Dingern über die Fifth Avenue laufen. Auch meine olle Louis-Vuitton-Tasche war natürlich mit an Bord. Ich rechnete mir aus, wie viele Rollen ich im Jahr angeboten bekommen müsste, um Carries Leben zu führen: Einmal pro Woche schleppte sie mindestens ein Paar neue Manolo Blahniks nach Hause. Das waren im Monat schon mal über 2000 Dollar. Dazu die ganzen Designerklamotten von Gucci und Dior. Auch das Apartment an der Upper East Side war sicherlich kein Schnäppchen. Außerdem müsste sie zusätzlich noch saftige Restaurantrechnungen zu bezahlen haben, da sie nie selbst kochte und immer mit den Mädels ausging. Hier ließ sich natürlich sparen, denn anders als die Girls in New York nähme ich zu, wenn ich morgens, mittags und abends zum Essen ginge. Also standen die Schickimicki-Restaurants in Manhattan zwar auf dem Plan, aber eben nur zum Salatessen. Traurig, aber wahr: Sogar schon ohne Anstrengung hatte ich hier und da ein Pfund zu viel sitzen, weshalb ich schon zehn Tage vor dem Trip nichts mehr gegessen hatte außer gegrilltem Sellerie und Avocado. Ich wollte doch in dem Tüllrock wenigstens ein minibisschen so aussehen wie Carrie Bradshaw. New York, ich komme – wir kommen!

Ich war wie Carrie ständig auf der Suche nach der großen Liebe, und Stella suchte wie Samantha neuerdings ausschließlich die körperliche Erfüllung. Nina war in unserem Trio die Charlotte und wollte wie sie immer vor allem eins: sesshaft werden. Und das war sie ja jetzt auch, mit ihren Mr Niveauvoll aus dem Internet. Mit Miranda hatten wir alle etwas Ähnlichkeit ...

Wie in »Sex and the City« kamen und gingen die Trends, aber unsere Freundschaft blieb immer in Mode. Wir drei waren für einander Seelenverwandte. Wir gingen seit der Schulzeit Hand in Hand durchs Leben.

Beseelt kuschelte ich mich in meine Flug-Schlaf-Halskrause und ein bisschen auch an Stella: »Ich will doch nur einen netten, gut aussehenden, witzigen, wahnsinnig tollen Typen«, zitierte ich im Rausch der Erinnerung aus unserer Lieblingsserie.

Stella grinste und parierte mit einem Spruch von Samantha: »Ich habe genug von großer Liebe. Ich will wieder große Liebhaber!«

»Aber du hast doch Brian, der an dir rumschraubt.«

»Ach, ja der«, winkte Stella ab. »Den hätte ich fast vergessen. Aber du weißt ja, ein Mann ist zu viel für mich, und drei sind viel zu wenig ...«, kicherte sie.

»Und was ist mit dir und deinem Partner mit Niveau?«, wandte ich mich an Nina.
»Meine Ehe ist ein Volltreffer. Denn anders als du, Mimilein, erkenne ich eine Mogelpackung sofort.« Sie lachte. »Das ist wie bei einer Fendi-Fälschung: Von außen sieht's gut aus, und innen ist nur billiges Plastik.«
»Plastiktaschen? Oh Gott, ich glaube, mir wird schlecht«, rief Stella. »Mimilein, hast du deine Tabletten gegen Übelkeit dabei? Du hast doch immer eine halbe Apotheke in deiner Handtasche. In deinen Reisetabletten ist doch immer so schön viel Schlafmittel drin.«

Ich fing an, in meiner Handtasche zu kramen. Dabei entdeckte ich ES. Einen braunen Fleck auf meinem Handrücken. Ein Kaffeefleck? Wie kam denn da ein Kaffeefleck hin? In dem gleichen Hellbraun, in dem ich meinen Kaffee am liebsten trinke. Mit viel Zucker und Sojamilch.
Ich rubbelte kräftig dran, aber er ging nicht ab. Ich rubbelte noch mehr, immer heftiger – das Ding blieb. Ich bekam Schnappatmung. Ich rüttelte am Arm meiner Freundin:
»Jetzt hilf mir doch, Nina!«

Die Flugbegleiterin fragte, ob alles in Ordnung sei. Ich zeigte nur stumm auf den Fleck, und sie schaute stumm zurück. Nachdem wir genug geschaut hatten, fragte sie: »Ist Ihnen übel?«
»Nein, aber mir!«, krähte Stella dazwischen.
»Stella, jetzt halt doch mal den Mund!«, sagte ich und wandte mich wieder an die Stewardess: »Gucken Sie mal, dieser Fleck hier! Das ist doch nicht normal. Den hatte ich gestern noch nicht. Ganz sicher nicht. Der ist neu!«

Das sei sicher nichts Schlimmes, meinte die Stewardess, und außerdem könne man da jetzt nichts machen, so mitten auf dem Flug nach New York.
»Aha!?!«, rief ich. »Stellen Sie sich mal vor, meine Freundin hier hätte jetzt einen Herzinfarkt oder so was. Würden Sie dann auch sagen, dass das doch nicht sooo schlimm sei und dass man da ja jetzt nichts machen könne, mitten auf dem Flug nach New York?!«
Nina war leicht peinlich berührt und versuchte einzulenken.
»Aber ich habe keinen Herzinfarkt, Mimi. Und du hast nur einen winzigen braunen Fleck auf dem Handrücken.«
»… den ich gestern noch NICHT hatte!«, brach es verzweifelt aus mir raus. Und du weißt gar nicht, was so Flecken bedeuten, die plötzlich da sind …«

Ganz offensichtlich wusste Nina das tatsächlich nicht, denn sie zuckte nur mit den Achseln.
Ich war den Tränen nahe. Es musste sich um eine wirklich ernste Erkrankung handeln, da war ich sicher. Auch das noch.
Die Stewardess stand noch immer da und sah meine Freundinnen jetzt so mitleidig an, als wäre ich geistig umnachtet und die beiden mit mir auf dem Weg zu einer Spezialklinik in New York. Ich sprang von meinem Sitz auf, beugte mich rüber zu der Reihe vor uns und fragte: »Sind Sie zufällig Arzt?«
»Sie setzen sich jetzt sofort hin und schnallen sich an! So lange, bis die Anschnallzeichen erloschen sind!«, herrschte die Flugbegleiterin mich an. »Für Ihren Fleck kann ich Ihnen eine Handcreme anbieten.«
Handcreme? Ich brauchte keine Handcreme. Wenn

schon kein Arzt da sei, bräuchte ich wenigstens Internet, insistierte ich.

»Internet? Internet haben wir«, entgegnete sie jetzt, sichtlich erleichtert. Und dann schob sie hinterher: »Internet ist ja fast so was wie ein Arzt.«

Stella lachte laut.

Eingeschnappt sagte ich: »Schön, dass du mich so lustig findest.«

Die Stewardess zeigte mir, wie ich ins Internet kam. Für teuer Geld versuchte ich herauszufinden, an welcher schlimmen Fleckenkrankheit ich litt. Oh, mein Gott, es war entsetzlich! Je mehr ich las, desto schlimmer wurde es. Und war der Fleck nicht schon dunkler geworden? Und größer? Und wirkten die Ränder nicht irgendwie seltsam? Ich musste mir in Amerika sofort nach der Landung Hilfe holen. Ich sah mich schon in Manhattan im Krankenhaus, inzwischen völlig entkräftet und nur noch schwach atmend …

Nach gründlichen Recherchen eröffnete ich meinen Freundinnen meine finale Diagnose: »Es ist die Vitiligo.«

»Die was?«, fragten beide gleichzeitig.

»Die Weißfleckenkrankheit. Der Verlauf ist immer chronisch. Fängt an den Händen an und breitet sich dann immer weiter aus. Und man kann nichts dagegen machen. Ich bin unheilbar krank!«

Erste Tränen kullerten mir über die Wangen. Nina strich mir tröstend über die befleckte Hand: »Aber Mimi, der Fleck ist doch braun.«

Da beugte sich eine uralte Dame aus dem Mittelgang zu uns herüber und sagte ganz laut, in der Annahme, wir wären alle so schwerhörig wie sie: »Das ist ein Altersfleck, Schätzchen!«

Dann streckte sie uns ihre Hände entgegen, die übersät waren mit diesen Kaffeeflecken.

»Altersfleck?« Ich schrie fast zu ihr rüber.

Nina beruhigte mich: »Nee, nee, das kann ja nicht sein. Eine Frau wie du hat keine Altersflecken. Außerdem bist du gerade erst Anfang vierzig. Das ist ja wohl weit entfernt von alt.«

Die alte Dame klärte uns darüber auf, dass Anfang vierzig nun auch nicht mehr sooo taufrisch sei und sie ihren ersten Fleck mit fünfundvierzig hatte. Ich sei halt früh dran, und wenn das genetisch sei, könne ich es zwar weglasern lassen, das würde aber nix bringen. So Flecken vermehrten sich wie die Karnickel. »Machste einen weg, kommen drei neue.« Ich solle mich einfach damit abfinden. Oder Handschuhe tragen.

Dann grinste sie.

So flogen wir weiter nach New York zu Carrie Bradshaw. Ich fühlte mich, als wäre ich schlagartig gealtert und befleckt und ganz und gar nicht mehr so »cosmopolitan« wie sie.

»Vergiss nie, dich erst einmal selbst zu lieben, sagt Carrie immer«, munterte Nina mich auf.

Und Stella schob noch ein Filmzitat nach:

»Egal, wer dir das Herz gebrochen hat und wie lange es dauert, bis es heilt, du schaffst es niemals ohne deine Freundinnen.«

Sie bestellten noch eine Runde Sekt, wir prosteten uns zu und tranken auf das, was wir liebten: Auf uns!

Ich fühlte mich schon viel besser. Und außerdem: Wenn mir jetzt eh nicht mehr so viel Zeit bliebe, bis ich eine alte, taube, fleckige Frau in Gesundheitsschuhen wäre, dann wäre es ja höchste Zeit, in New York das ein oder andere Paar High Heels zu shoppen … Was waren schon 395 Dollar für ein Paar hohe Gucci-Sandaletten? Das Sparen würde ich in meinem fortgeschrittenen Alter bestimmt nicht mehr anfangen.

Ich & ich

Es war natürlich nicht so, dass meine Freundinnen dauernd über Sex redeten. Die beiden hatten auch andere Themen. Schuhe zum Beispiel. Ich konnte da nicht mithalten, denn ich hatte nur ein Paar teure Schuhe, meine Louboutins. Die, die ich mir eigentlich zum Trost gekauft hatte, die mir dann aber das Waden-Trauma beschert hatten. Da ich echt nicht noch mehr Wellen und Dellen gebrauchen konnte, ließ ich die High Heels im Hotelschrank, blieb lieber bei meinen Flipflops und bereute, das schöne Geld ausgegeben zu haben für Schuhe, die ich nie mehr tragen wollte. So viel Geld für ein Paar Schuhe auszugeben, war eh voll bescheuert.

Stella und Nina konnten das nicht akzeptieren. Auf den Spuren von Carrie in Flipflops? Das ging ihrer Meinung nach gar nicht.

»Vorhin im Flieger wolltest du noch teure Sandaletten haben. Und null sparen«, erinnerte mich Nina, und Stella fiel ein: »Wir nehmen dich eben beim Wort!« Sie wollten meinen unterdrückten Schuhtick unbedingt zum Leben erwecken. Und zwar bei Manolo Blahnik.

»Wenn du bei Manolo raus bist, hast du auch einen Schuhtick, versprochen!«, lachte Nina putzmunter. Meine Mädels waren so hellwach, als hätten sie sich gegenseitig Batterien in den Allerwertesten geschoben, und wollten natürlich sofort die Stadt unsicher machen. Ich war als Einzige total gejetlagt, mein Biorhythmus war vollkommen im Eimer.

»Wir klappern alle Schauplätze von Carrie & Co. ab und gehen dann zu Manolo, und dann bist du ein echtes, offizielles Sex-and-the-City-Girl«, sagte Stella.

Von mir kam keine Reaktion, obwohl ich in unserer Dreierrunde eindeutig die Vorsitzende unseres SATC-Fanclubs war – ich kannte alle Zitate auswendig. Aber nach dem Flug fühlte ich mich wie »The Walking Dead« und sah auch so aus. Unter anderen Umständen wäre ich sicher nur noch als Staubwolke zu sehen gewesen, in diesem Zustand jedoch war mir gar nicht nach High-End-Shopping zumute.

»Auf einer Skala von 1 bis 10: Wie müde bist du?«, fragte Nina.

»11«, antwortete ich matt. Ich war in New York und wollte einfach nur schlafen. So ein Mist. Mist, Mist, Mist!

Stella hatte wieder einen ihrer tollen Tipps parat: »Ich hab gelesen, dass man einen Jetlag am besten durch Sex überwinden kann.«

»Aha, und wie mache ich das?«, fragte ich genervt. »Für die Hotelbar ist es noch zu früh, und später bin ich zu müde.«

»Süß! Als würdest du so was tatsächlich tun,« zog Nina mich auf.

»Was tun?! Sex?« Die Antwort kam kratzbürstig, und mein Stimmungsbarometer schlug immer weiter nach unten aus.

Stella griff sofort ein: »Nina meint das nicht so. Sie denkt wahrscheinlich an eine spontane Sex-Aktion nach einem Besuch an der Hotelbar. So, und jetzt hört auf zu zanken! Wir sind zusammen in New York. Außerdem ist es doch schön, dass wenigstens eine von uns nicht so ein loser Vogel ist und auf uns anderen aufpassen kann.«

Nina flötete: »Ach, papperlapapp, was für ein Zank? Wir amüsieren uns jetzt! Ich schlage vor, wir fangen auf jeden Fall in Carries Lieblingsladen an. Schuhe kaufen! Das hebt auch deine Stimmung. Versprochen!«

Ich wollte mich natürlich auch nicht von der blöden Müdigkeit abhalten lassen, die Orte zu sehen, die sehr viele meiner Fernsehabende erhellt hatten. Also ließ ich mich von den beiden zu unserem »Freund« Manolo ins Saks auf der Fifth Avenue schleifen.

Stella hatte in ihrem Frankfurter Haus eine ganze Etage nur für ihre Schuhe eingerichtet, und fand das völlig normal. Celine Dion habe auch so eine Etage, war ihr schlagendes Argument. Was die könne, könne sie schon lange. Schließlich sei es auch ein Zeichen ihres Erfolges. »Erfolgreiche Männer sammeln teure Uhren und junge Frauen, ich sammle Schuhe und habe Brian. Außerdem hat man nie zu viele Schuhe, nur zu wenig Schrank«, lautete ihre Devise.

»Ich brauche das alles nicht«, sagte ich auf dem Weg zu Manolo. »Ich sammle lieber schöne Momente, die mich von innen reich machen.« Meine Freundinnen verdrehten die Augen. Trotzig legte ich nach: »Das kann einem auch keiner nehmen. Die Buddhisten sagen, zu viel Hab und Gut ist ein schwerer Rucksack, den man überallhin mitnehmen muss, und das auch noch in High Heels ...«

Und während ich noch so vor mich hin philosophierte, merkte ich mit einem Mal, dass mir meine Zuhörerinnen abhandengekommen und schon längst im Saks verschwunden waren. Leicht eingeschnappt trottete ich ihnen hinterher in die heiligen Hallen des Edelkaufhauses, die geschmückt waren mit Luxusmodellen, die allesamt auf Podesten standen, als wären wir in der Skulpturensammlung des Louvre. Plötzlich war ich hellwach, und mein Grummeln war wie weggeblasen. Alles blinkte, glitzerte und glänzte, untermalt mit stimmungsvoller Klaviermusik und einem betörenden Duft, der aus der Parfumabteilung herüberwehte.

Meine Protesthaltung fiel zu Glitzerstaub zusammen. In meinem Kopf hatte sich ein gigantischer Schalter umgelegt. Und aus meinem offen stehenden Mund schien mir das letzte bisschen Vernunft zu entweichen. Irgendwie schien ich mich aus meinem Körper zu lösen ... In mir brach ein gewaltiger und unkontrollierbarer Sammelwahn aus, wie bei einem Eichhörnchen, das für den Winter Nüsse einheimst. Überall standen verführerische Schuhpaare, und es gab sogar einen Bereich, wo überall kleine »Sale«-Schildchen hingen, und alle riefen mir zu: »Nimm mich, nimm mich! Ich will mit dir nach Haaaause!« Das kroatische Aschenputtel in mir ließ sich nicht zweimal bitten und probierte zuerst königsblaue, zierliche Pumps mit einer silbernen Glitzerbrosche an. Genau die, mit denen Mr Big um Carries »Fuß« anhielt, als er vor ihr kniete. Die »Royal Blue Hangisi Satin Pumps«. Dass die nicht im Sale-Bereich standen, juckte mich nicht. Ich brauchte ja auch dringend »something old, something new, something borrowed, something blue«, wenn ich eines Tages meinen Mr Big heiraten würde.

Oh, und welch glückliche Fügung: Sie passten wie angegossen. Ich rannte wie eine Bekloppte rüber in den Sale-Bereich und probierte Paar zwei, dann drei und vier, fünf ...

und auch die wollten – oh Wunder – unbedingt mitgenommen werden. Neben mir stapelten sich inzwischen die Schuhkartons zu Türmen. Die dienstbeflissene Verkäuferin brachte immer mehr, so als wollte sie die Skyline von New York nachbauen. Dabei zog sie eine solche Duftwolke hinter sich her, dass Nina mutmaßte, sie habe vorher als »Spritzer-Girl« in der Parfumabteilung gearbeitet und sich erst kürzlich zur Chef-Einpackerin an die Blahnik-Kasse hochgearbeitet.

Stella konstatierte: »So wie es aussieht, sind im Sale nur noch die kleinen Größen da. Da passt als Einzige du mit deinen Kinderfüßen rein, Mimilein. Ich lebe, wie die klassische New Yorkerin, wohl auf zu großem Fuß.«

Die königsblauen Carrie-Hangisis ließ ich gleich an, für den unwahrscheinlichen Fall, ich würde meinem Mr Big auf den Straßen New Yorks begegnen ... damit er mich gleich an den Schuhen erkennen könnte. Und sie passten so toll zu meinem Outfit, also raus aus den Flipflops! Ich war jetzt in Fahrt, der Jetlag wie weggeblasen.

An der Kasse tippte meine Verkäuferin mit ihren hellrot lackierten Fingern einen Karton nach dem anderen in die Maschine, und heraus kam, trotz der »Sale«-Schildchen, eine schwindelerregende Summe. Ich wurde so hellrot wie die Nägel der Kassiererin. Meine Wangen glühten wie eine Herdplatte. Und meiner Kreditkarte ging es leider auch so.

»Alle Achtung!«, sagte Nina. »Das nenne ich eine richtige Ausbeute. So viele Luxusschuhe hat wahrscheinlich nicht mal die Frau des philippinischen Ex-Diktators Imelda Marcos auf einmal gekauft, und die besaß immerhin dreitausend Paar.«

Ich schleppte – beziehungsweise wir schleppten – meine mit Manolos bepackten Tüten aus dem Saks heraus. Langsam kam ich wieder zu mir und fragte mich, ob es nicht doch besser gewesen wäre, das viele Geld in meine Altersvorsorge zu investieren statt in Designerschuhe …

Bepackt, wie wir waren, stapften wir weiter durch die Prachtstraßen in Midtown und machten Serien-Sightseeing.

Ich war voll bedient: Ich hatte einen riesigen Jetlag, den Kaffeefleck, neue High Heels an den Füßen, die schon jetzt schmerzten, noch vier andere Paare in den Tüten und ein Loch in meinen Finanzen. Mir wurde übel: »Wie konnte ich das tun, Stella? Und warum hast du mich nicht aufgehalten? Du kannst doch nicht seelenruhig zusehen, wie ich mich in einem gewöhnlichen Kaufhaus in den finanziellen Ruin stürze.«

Stella versuchte, mich zu beruhigen: »Schätzchen, sieh die Schuhe doch einfach als Wertanlage.« Sie grinste. »Darfst sie halt nur nicht tragen.«

Bis über die Ohren mit Saks-Tüten bepackt, stakste ich, um Restwürde bemüht, durch die Straßen New Yorks und überlegte fieberhaft, unter welchem Vorwand ich wenigstens die vier Paar Schuhe zurückbringen könnte, die ich nicht an den Füßen trug, und ob die bei Saks mir dann das Geld zurückgäben oder ich nur einen Gutschein bekäme. Ich war am Ende.

Mitleidlos schleiften mich meine Freundinnen weiter bis in die Upper East Side, Carries angebliche Wohngegend, wo sie dem Lebensgefühl der Serie mit all ihren Sinnen nachspüren wollten. Meine Sinne hatte ich leider im Saks an der Kasse verloren. Sie wollten unbedingt die Filmadresse finden, mussten aber nach schier endlosem Suchen feststellen, dass es die Hausnummer gar nicht gab.

Ich war so fix und fertig, dass ich mich willenlos auf die Stufen einer fiktiven Carrie-Haustür plumpsen ließ. Mittlerweile spürte ich meine Füße gar nicht mehr und fragte mich, wie Carrie mit solchen Schuhen den ganzen Tag durch New York laufen konnte, als sei sie barfuß. Ich hatte das schlechteste Gewissen des Jahrhunderts. Ich fing an zu heulen.

Stella blieb vor mir stehen und sagte: »Och, Mimilein, jetzt sei doch nicht so hart mit dir. Du weißt doch, was Karl Lagerfeld immer gesagt hat: Man muss das Geld zum Fenster rauswerfen, damit es zur Tür wieder reinkommt.«

Da ich mich kein bisschen mehr rührte, schob sie nach: »Ich nehme an, du heulst noch eine Runde und bleibst hier sitzen und kommst nicht mit zu meinem Freund Louis Vuitton?«

Hinter meiner Sonnenbrille flutschten mir die Augen weg: Louis Vuitton?! Mein Shoppingbudget für die nächsten drei Jahre war aufgebraucht, und ich fragte mich, ob mein Vermieter wohl die Schuhe akzeptierte als Bezahlung meiner Miete.

Ich schaffte es gerade noch, »Ich bleibe hier sitzen« zu schluchzen, und Nina seufzte: »Okay, mein Kind, Mutti und Vati holen dich auf dem Rückweg wieder ab. Und du rührst dich so lange nicht von der Stelle. Capisci?«

Und weg waren sie.

»Blöder Manolo, ARSCHLOCH«, sagte ich vor mich hin und drückte die teuren Tüten ganz dicht an mich, damit sie keiner klaute, falls ich hier einschliefe. Ich blieb einfach hocken. Eine kroatische Möchtegern-Carrie-Version auf den

Stufen – in königsblauen Hochzeitsschuhen. Mein rechtes Auge fiel vor Müdigkeit immer wieder zu und sah aus, als gehöre es zu einer kaputten Porzellanpuppe. Plötzlich hörte ich, wie eine Stimme »Eeeey!« sagte.

Als ich mich umdrehte, saß da ein junges Mädchen neben mir. Das Mädchen hatte sich in ein neonfarbenes Stretchkleid gequetscht, und der Pony war so hoch aufgetürmt wie das Empire State Building. Sie machte allem Anschein nach auf die Eighties-Version von Madonna. Die Madonna-Version, die sich noch keine Sofakissen ins Gesicht hatte basteln lassen. Das Mädchen trug hellpinken Lippenstift und Glitzerrouge-Blocks auf den Wangen. Sie sah ein bisschen aus wie eine Diskokugel kurz vorm Durchdrehen. Mein noch waches Auge musterte sie, und der Blick blieb an ihren Unterarmen hängen. »Orang-Utan«, schoss es mir durch den Kopf, und nun riss ich beide Augen auf.

Diese Behaarung kannte ich doch! Jedes einzelne Haar! Ich war wie gelähmt. Als ich die Sprache wiedergefunden hatte, sagte ich unsicher: »Hi.«

»Hi«, antwortete sie, sichtlich genauso verunsichert und ohne ihre Augen auch nur einen Millimeter von mir abzuwenden.

»My name is Mimi«, brachte ich hervor.

Das hochtoupierte Mädchen antwortete: »My name is … auch Mimi.« Und schob nach: »Alter, ist das krass. Ich flipp aus, das ist total strange. Was ist das hier? Wo sind wir?«

»Oh Gott«, dachte ich, »wo zum Teufel wir sind?! Hoffentlich nicht in der Irrenanstalt!« Ich sah mich um, ob die Männer mit den weißen Westen schon da wären. Aber das rege Treiben auf der Straße ging weiter, als wäre nichts geschehen und als säße ich hier nicht gerade mit meinem vierzehnjährigen Ich auf den Stufen vor Carries Möchtegern-Filmwohnung.

»Also, ich bin in New York«, sagte ich, »aber wie um in alles in der Welt kommst DU hierher?«

»Keinen blassen Schimmer«, antwortete mein Mini-Me und war mindestens genauso von den Socken wie ich.

Es inspizierte mich.

»Du siehst aus wie …«, sagte die Teenager-Mimi, und ihre Blicke klebten immer noch an meinem Gesicht. »Bist du so was wie … ich? Also nicht ich-ich, sondern halt so was Ähnliches wie ich?«

»Naja, ich glaub schon. Ich bin du, und du bist ich. Wir sind … also, wir sind … ich und ich.«

»Echt?«, fragte sie beeindruckt.

Ich wusste nicht, was ich darauf antworten sollte. Vielleicht war ich ja völlig durchgeknallt beim Kauf von fünf Paar Designertretern, und meine Synapsen waren komplett kollabiert.

Mein vierzehnjähriges Ich sagte: »Du bist voll cool. Wie alt bist du denn?«

»Zweiundvierzig«, antwortete ich.

»Zweiundvierzig?« Das schien sie noch mehr zu beeindrucken. »Wow, das ist voll alt. Du siehst gar nicht aus wie 'ne Oma.«

»Ähm, SORRY, das liegt vielleicht daran, dass ich keine Oma BIN. Sooo alt ist das jetzt auch nicht«, verteidigte ich mich. »Und du bist vierzehn, oder?«

Ich war völlig geflasht. Sie saß da, einfach so. Aus dem Nichts. Die Haare voller Drei-Wetter-Taft mit ihren Glitzerwangen. So unschuldig, so süß, so nichts ahnend. Mich überflutete eine Welle von Liebe. Ich hatte das dringende Bedürfnis, sie zu drücken.

Ich wollte die verkrampfte Situation ein bisschen auflockern:

»Und? Hast du schon gesungen für den Penner Jean-Baptiste?«

»Woher kennst du den denn?«, fragte sie mich. Sie begriff offensichtlich nicht, dass ich *alles* von ihr wusste. Von ihrer Gegenwart und ihrer Zukunft.

»Ooch«, sagte ich. »Ich kenne ihn halt. Und? Hast du?«

»Mhm, habe ich ... Heute. Ich hab ›Dreams are my reality‹ gesungen. War voll gut.«

»Und wie fand er es?«

»Voll gut.«

»Mhm«, sagte ich, »wirklich voll gut?«

Sie schaute etwas betreten auf den Boden und wippte mit ihren gelben Converse, aus denen grasgrüne Spitzensöckchen lugten, und fügte dann beschämt hinzu: »Er hat gesagt, ich sähe aus wie ein Affe. Vor allen. Und alle haben gelacht. Das fand ich total gemein.«

Sie saß da wie ein Häufchen Elend, und ich rückte ein Stückchen näher.

»Weißt du, ich hab mir mal die Beine mit Papas Rasierer rasiert. Das endete ziemlich blutig. Ganz leicht sehe ich die Narbe bis heute. Hier, schau mal! Und was hab ich nicht alles ausprobiert ... die Haare mit stinkender Enthaarungscreme weggeätzt, gewaxt, gezupft, gestutzt, frisiert, epiliert und schließlich gelasert, bis kein Haar mehr übrig war. Und heute frage ich mich, ob es das alles überhaupt wert war. Weißt du? Was ich dir damit sagen will: Lass dir einfach von so einem blöden Typen nicht deine schöne Teenagerzeit versauen! Aber falls du dir jetzt trotzdem den Rasierapparat von Papa klaust, mach ihn wieder richtig sauber und trockne ihn gut ab. Er bekommt sonst nämlich Ausschlag im Gesicht. Dann weiß er Bescheid, und es gibt Ärger. Und benutz bloß nicht sein ›Old Spice‹-Aftershave, davon bekommst du richtig schlimmen Ausschlag, und dann sieht Mama sofort, dass du die Arme rasiert hast, und dann gibt's noch mehr Ärger«.

Ihre Augen weiteten sich, und sie fragte: »Sind Mama und Papa auch deine Mama und dein Papa?«

»Ja, sind sie ...«

»Und sind dir die Haare alle ausgefallen?«

»Alle weg ... Und weißt du noch was? Jean-Baptiste fallen seine Haare auch aus. Er kriegt 'ne richtige Glatze. Und einen riiiiiesigen Bierbauch, so als hätte er einen Medizinball verschluckt!«

Sie fing an zu kichern: »Echt? Woher weißt du das?«

»Ich weiß es halt, kleine Mimi. Und ich weiß auch, dass der Liebeskummer, den du jetzt hast, ganz bald wieder weggeht.«

»Aber ich möchte so gerne auch so einen Mathieu wie in ›La Boum‹! Ich werde aber nie einen finden«, murmelte mein vierzehnjähriges Ich traurig.

»Ich verspreche dir, das wirst du«, machte ich uns beiden Mut, und mein Lächeln verschwand ein kleines bisschen.

Ich konnte ihr ja unmöglich erzählen, wie ich mich heute fühlte: »Ne, Schätzelchen, in diesem Leben wird das wohl nix. Ich habe meinen Mr Big noch immer nicht gefunden, und deshalb mache ich sauteure Frustkäufe, kann die Miete nicht mehr bezahlen und fühle mich noch mieser. Wahrscheinlich sterbe ich verarmt, wellig und allein zwischen fünfundfünfzig Schuhkartons – mit einem Gin Tonic in der Hand. Schöne Aussichten sind das, oder?«

Also sagte ich ihr lieber das, worauf ich hoffte: »Also, ich weiß, dass du mal sehr glücklich wirst, Mimi. Ehrenwort! Du wirst mal einen richtig coolen Typen heiraten.« Ich wollte noch nachschieben: »Bei deiner zweiten Hochzeit«, ließ es aber bleiben. Das hätte sie nur noch mehr verwirrt, als sie ohnehin schon war – hier mit mir, mitten im New York ihrer Zukunft.

Sie bekam ganz große Augen: »Wow! Echt? Und wie heißt er?«

»Oh, das verrate ich dir doch jetzt noch nicht. Sonst ist es ja keine Überraschung mehr«, lautete meine Notlüge.

Sie schaute wieder auf ihre Schuhe und sagte: »Hm ...«

Es klang so, als würde sie mir nicht glauben, dass ihr das wirklich passieren könnte.

Mich überkam wieder diese Welle an Liebe für den kleinen Unglückswurm, und ich sagte: »Du wirst wie in einem Märchen heiraten, Mimi, ohne Scheiß! Wie in ›Drei Nüsse für Aschenbrödel‹.«

Sie schaute wieder hoch, mit großen Augen: »Echt? In einem Schloss?«

»Ja, in einem richtigen Schloss«, behauptete ich, und dann zog ich meine königsblauen Manolos aus und schenkte sie ihr. »Deine Brautschuhe«, lachte ich.

Sie strahlte vor Glück über beide Glitzerwangen. Ich drückte sie ganz fest, und sie sagte: »Wow, danke, Mimi! Du bist echt richtig cool. Richtig, richtig cool! Das muss ich unbedingt meiner Mama erzählen.«

Ich sah ihr fest in die Augen und lächelte. »Hab dich lieb, Kleine. Du bist nämlich auch richtig cool. Richtig, richtig cool«, sagte ich. »Und grüß deine ...«, ich musste schlucken, »und meine Mama!«

»Ich hab dich auch lieb und mach ich«, antwortete sie und war weg, mitsamt meinen 900-Dollar-Pumps.

Ich spürte plötzlich, wie mir jemand auf die Schulter tippte. Vor mir stand Stella.

»Hallo? Mimiiii! Auf-waaaaachen! Wieso bist du barfuß? Du siehst aus wie eine Obdachlose!«

Ich fuhr auf: »Wo bin ich? Und wo ist ... Mimi ...?« War ich wirklich auf den Carrie-Treppen in inniger Umarmung mit meinen Manolo-Blahnik-Tüten eingeschlafen?

»Oh Gott, hoffentlich hast du keinen Sonnenstich.« Nina befühlte meine Stirn und hielt mir einen Coffee to go hin. »Hier, Schätzchen, trink den erst mal. So, wie du ihn magst, mit Sahne und Schokoraspeln.«

Ich kam langsam zu mir und sagte: »Mir ist was Krasses passiert, während ihr weg wart ...«

Stella frotzelte: »Was denn? Hat dir ein Yeti deine High Heels geklaut?«

»Nee, kein Yeti. Ich habe mein vierzehnjähriges Ich getroffen. Hier, auf den Stufen. Direkt neben mir. Ohne Scheiß! Und der habe ich meine Brautschuhe geschenkt.«

Nina nahm mir meine Tüten aus dem Arm und sagte: »Ich fass es nicht. Hast du schon wieder dein Hab und Gut an die ›armen‹ Bettler verschenkt? Boah, Mimi, echt jetzt? Du kannst nicht immer die Welt retten wollen. Du hast doch selber nix!« Stella schüttelte fassungslos den Kopf: »Mon Dieu, keine fünf Minuten kann man dich allein lassen. 900 Dollar im Arsch! Dich hat der Jetlag ja wohl so richtig erwischt, dein Oberstübchen ist jetzt völlig durcheinander. Süße, wir holen dir jetzt erst mal 'ne Ladung Aufputschmittel.«

Sie dachte dabei an die Cupcakes aus der berühmten ›Magnolia Bakery‹ in Greenwich Village. Diese Dinger bestanden aus reinem Zucker, der mit einem Pfund Butter vermischt und sicherheitshalber noch mit Süßstoff verfeinert wurde.
Ich zog meine alten Flipflops wieder an, und Stella half mir auf die Beine. Ich verteidigte mich: »Aber ich hab doch gesagt, was gerade passiert ist. Das war kein Bettler! Ich schwöre! Ich habe mir selbst die Schuhe geschenkt. Echt!«
Stella unterbrach mich: »Mimilein, wir glauben dir ja.« Sie grinste Nina an. Sie glaubten mir natürlich kein Wort: »Ich ruf uns aber jetzt trotzdem ein Taxi. Ab sofort lädt Mutti ein!«

Und während wir in der Magnolia Bakery saßen, in dem unsere Filmfreundinnen in unzähligen Folgen stundenlang über Männer getratscht hatten, dachte ich an meine Begegnung mit mir selbst. Und dass ich mir versprochen hatte, dass alles gut würde. Also würde auch alles gut.
Mit diesem Versprechen und meinen verbliebenen vier Saks-Tüten mit den Manolo Blahniks war ich plötzlich voller Zuversicht:
»Weißt du, Stella, ich werde mal in einem Schloss heiraten. Und einen Ehemann haben, der mir meine Manolos *schenkt*. Einfach so.«

Oopsy-Daisy

Als das Flugzeug in Frankfurt landete, verflog meine Zuversicht leider bald. Es schien, als warteten auf meine Anflüge von Euphorie immerzu diese miesen kleinen Löcher, in die ich prompt wieder hineinfiel. Nach meiner erlebnisreichen Woche im Big Apple und meiner Begegnung mit meinem vierzehnjährigen Ich fühlte ich mich plötzlich so allein und nutzlos wie wohl nie zuvor in meinem Leben. In meinem Gepäck hatte ich vier Paar Schuhe und keinen Mr Big. Meine Freundinnen wurden von ihren Männern abgeholt. Meine Tochter war noch im Ferienlager, und auf mich wartete niemand: weder Freunde, Familie und Fans noch Journalisten, Kameras und Fernsehteams. Niemand bis auf das vorbestellte Taxi, das mich nach Hause chauffierte.

Der Einzige, der mich sofort nach meiner Ankunft dringend sehen wollte, war mein Vermieter. Da er schon lange in Rente war, lungerte er immer ganz gerne im Hausflur herum und wartete, bis ich nach Hause kam. »Wie schön, dass ich Sie sehe! Ich muss mit Ihnen über den Mietpreis sprechen. Es kommen elektrische Außenjalousien an die Fenster, und ich werde einen Aufzug installieren lassen«, sagte er stolz.

Das hatte gerade noch gefehlt! »Aber ich wohne doch noch gar nicht so lange hier«, brachte ich hervor. »Muss ich da mitmachen?«

»Tja, Fräulein Fiedler«, entgegnete er mit Blick auf meine Shoppingtüten, »alles wird teurer, auch die Miete. Das muss ich Ihnen ja nicht erklären. Sie haben es ja anscheinend auch gerade so richtig krachen lassen! Wo waren Sie denn?«

»In New York«, stammelte ich. »Und bitte, nennen Sie mich nicht ›Fräulein‹. Ich bin kein ›Fräulein‹, ich bin Frau Fiedler!«

»Aber Sie sind doch unverheiratet?!«, entgegnete er.

»Ähm, ja, das bin ich. Ja und? Und man nennt trotzdem seit den 80er-Jahren niemanden mehr ›Fräulein‹, aber das haben Sie offensichtlich noch nicht mitbekommen!« Ich überlegte, dass ich vielleicht lieber einen freundlicheren Ton anschlagen sollte angesichts der Tatsache, dass ich nicht wusste, ob ich die nächste Monatsmiete überhaupt pünktlich zahlen konnte.

Aber er ignorierte meine Anmerkung sowieso und zeigte auf meine Tüten: »Oh, wie chic. Da könnte ich auch zum Schuhfetischisten werden!«

Obwohl mein Vermieter tatsächlich aussah, als könnte er einen kleinen Fetisch haben, fand ich die Vorstellung, dass er den mit meinen Schuhen auslebt, ziemlich befremdlich.

Ich brauchte also einen neuen Job, und zwar schnell. Sonst musste ich meine nächste Miete wirklich noch mit Schuhen bezahlen.

Also rief ich am nächsten Tag meine Filmagentin Karla an und jammerte ihr vor: »Ich sitze in der Existenzfalle. Ich bin heute morgen arbeitslos aufgewacht. Hartz IV statt High Society! Verstehst du?«

»Kein Wort. Was ist denn passiert?«, versuchte Karla herauszufinden.

»Ich habe meinen Kontostand geprüft. Ich bin pleite. Total abgebrannt. Meine Tochter und ich werden verhungern. Was bin ich nur für eine Mutter. Ich Wahnsinnige habe bei Manolo fünf Paar Schuhe gekauft!«

Karla zog tief an ihrer Zigarette und blies in den Telefonhörer. Das tat sie immer, wenn sie nachdachte. Meist spuckte sie dann eine Lösung aus:

»Hm ... Also ... lass mich mal sehen ... Ich habe eine Anfrage für Renata, aber Renata will es nicht machen. Sie sagt, sie drehe keine Rosamu ...«

Ich unterbrach sie: »Rosamunde Pilcher?!«

»Japp, genau. Sie dreht keine Rosamunde Pilcher. Dann schlage ich jetzt dich vor. Es ginge allerdings schon in zehn Tagen los. Ich melde mich, sobald ich was weiß.«

»Uii, au ja! Kein Problem!«, ich glühte vor Begeisterung. »Ich bin da, ich mache es. Es ist quasi schon alles organsiert!«

Rosamunde Pilcher? Mein Traum würde in Erfüllung gehen. Und ich würde aus der Manolo-Not eine Tugend machen. Herrlich! Nicht nur, dass ich die Heldin einer Liebesgeschichte mit garantiertem Happy End spielen und zumindest im Film glücklich würde, ich hätte noch dazu bezahlten Urlaub.

Und das an wunderschönen Drehorten. Die traumhafte Küste Cornwalls mit St. Ives, Newquay, St. Michaels' Mount ... und wie sie alle hießen. Mein Konto und ich könnten uns von unserem New-York-Desaster hervorragend erholen.

Während ich noch vor mich hin träumte, klingelte auch schon das Telefon, und Karla war dran: »Läuft. Sie wollen dich.«

Ich kreischte in den Hörer: »Oh mein Gott, oh mein

Gott, oh mein Gooooooott! Wann bekomme ich das Drehbuch, und wer ist mein Love Interest? Und wann genau geht's los? Und wie viele Drehtage sind es?«

Ich sah mich schon Arm in Arm mit einem süßen Filmpartner in den Sonnenuntergang schauen. Bei dieser Szene hatte ich allerdings auch Dollarzeichen in den Augen ...

»Naja, Mimi, es verhält sich so: Sie wollen dich zwar, aber nicht für die Hauptrolle. Dafür bist du leider zu alt. Sie wollen dich als böse Stiefmutter besetzen. Typecasting, sozusagen. Da wärst du die Idealbesetzung. Vorausgesetzt, du kannst reiten.«

Wie bitte? Ich sollte die böse Stiefmutter spielen, weil ich zu alt war? Und wenn sie dann auch noch meinen Altersfleck sähen, machten sie aus mir dann eine böse Stief-Großmutter, oder was?

»Aber Karla«, stotterte ich fassungslos. »Hast du denen nicht gesagt, dass ich megajung aussehe?«

Karla zog wieder hörbar an ihrer Zigarette: »Schätzchen, es ist immer besser, bei der Wahrheit zu bleiben. Sonst kommt am Ende das böse Erwachen. Die sehen ja spätestens vor Ort, wie alt du bist. Also: Kannst du nun reiten oder nicht? Es steht in deiner Vita.«

Ich war fassungslos. Scheiß Fernsehen! Okay, ich war eine hin- und hergerissene, rastlose junge Frau – jung! –, die an ihrem Leben und ihrer Beziehungsfähigkeit zunehmend zweifelte. Nach allem, was ich erlebt hatte, kein Wunder. Aber alt? Ich war nicht alt! Und ich wollte nicht die blöde Stiefmutter spielen! Ich wollte die Heldin sein, die trotz aller Widrigkeiten ihre große Liebe fände und glücklich würde. Bis an ihr Lebensende.

»Ob das wirklich die richtige Rolle für mich ist? Hat die

Heldin nicht vielleicht noch eine Schwester?«, überlegte ich laut.

Meine Agentin konnte überhaupt nicht nachvollziehen, dass ich über den unerwarteten Geldregen keinen Freudentanz aufführte. Schließlich war es keine halbe Stunde her, dass ich mich bankrott erklärt hatte.

»Mimi, kannst du nun reiten oder nicht? Wenn du nicht reiten kannst, hat es sich sowieso erledigt. Die Stiefmutter ist nicht nur böse, sondern vor allem eine gute Reiterin.«

Dieses Pilcher-Unterfangen wurde immer unerfreulicher. Ich fragte mich, warum in meinem Leben nicht einmal eine Sache nach Wunsch laufen konnte. Na gut, vielleicht war es ein Fehler gewesen, unter »besondere Fähigkeiten« in meiner Vita »Reiten« anzukreuzen. Aber ich hatte mit elf Jahren mal drei Reitstunden genommen. Auf einem Pony. Daher fand ich, ich könne das da ruhig angeben. War doch völlig nachvollziehbar.

Sonst wäre bei mir nämlich gähnende Leere gewesen, wo bei meinen Kolleginnen so superaufregende Begabungen wie Fechten, Tauchen, Tennis, Klavier, Geige oder Ballett zu lesen standen. Und Yoga, versteht sich. Letzteres hieß wahrscheinlich, dass die zu allen Talenten auch noch ein einwandfreies Bindegewebe vorzuweisen hatten.

Ich überlegte fieberhaft. Mir blieb gar nichts anderes übrig, als die Rolle anzunehmen. Ich wollte – nein, ich musste – meine Miete zahlen. Meinem Vermieter war es nämlich völlig wurscht, ob ich bei Manolo eine synaptische Störung erlitten hatte oder nicht. In der Not fraß der Teufel Fliegen, und in der Not spielte ich selbst eine Stiefmutter. Blieb nur noch das kleine Reitproblem ... Ich war nicht sicher, ob ich

mich auf einem Pferd halten konnte, geschweige denn, ob ich es überhaupt von alleine draufschaffte.
»Also ... hm ... ja, reiten. Reiten, reiten, reiten.« Ich machte eine Pause. »Das ... also ich kann das ... schon.« Karla hakte nach: »Kannst du es ›schon‹ oder kannst du es gut?«
Und da sagte ich es einfach. »Ich bin eine exzellente Reiterin.« Es rutschte mir so heraus. »Ich kann es richtig gut.« Und ehe ich michs versah, saß ich im Flieger nach Cornwall.

Cornwall war atemberaubend mit seiner unberührten Landschaft, den schroffen Steilküsten und den kilometerlangen feinen Sandstränden. Meine Böse-Stiefmutter-Kostüme waren fantastisch: eine Menge schicker Kaschmirpullis und Tweedjacken sowie superbequeme, flache Schuhe und Stiefel. Dazu Reiterhosen mit reichlich Stretchanteil, in denen selbst ich aussah wie eine Sportskanone. Aber das Allerbeste war: Ich trug andauernd Handschuhe. Und die verbargen hervorragend meinen Altersfleck.

Tagsüber drehte ich und abends trieb ich mich am Strand rum und beobachtete die Surferboys. Was für eine Traumrolle! Wer hätte das gedacht! Das kleine unschöne Detail, dass ich irgendwann auf einen Klepper steigen müsste, verdrängte ich einfach ...

Doch die Stunde der Wahrheit nahte. Und zwar in Form der Regieassistentin, die mit Riesenschritten über die Rasenfläche des Anwesens, auf dem wir drehten, auf mich zukam. Ob ich mich schon mal mit dem Pferd anfreunden wolle, das ich am nächsten Tag reiten sollte. Die Frage haute mich fast aus den Reitstiefeln: »Morgen? Äh, warum morgen?«, fragte ich leicht hysterisch.

Sie war irritiert ob meiner heftigen Reaktion: »Aber das steht bereits seit zwei Wochen so im Drehplan, das weißt du doch. Wollen wir also das Treffen mit dem Pferdebesitzer organisieren?«

Nee, ich wollte nicht. Aber mir war klar, dass ich aus der Nummer nicht mehr rauskam. Also verabredete sie uns in seinem Stall. Auf der Fahrt sah ich mir sämtliche Reitvideos im Internet an, die ich auf die Schnelle finden konnte.

Kilometer, bevor wir das Gut erreichten, säumten Koppeln zu beiden Seiten die Straße. Alles voller Gäule, so weit das Auge reichte. Mantraartig redete ich mir ein, dass es ja wohl nicht so schwer sein könne, für ein paar Minuten auf so einem blöden Tier sitzen zu bleiben.

Der Reitlehrer kam uns auf dem Parkplatz entgegen, öffnete meine Autotür und begrüßte mich in einem tadellosen Deutsch with British-Accent. »Sehr schön, dich heute schon kennenlernen zu können.«

Steve trug knackenge Reiterhosen, die ebenso entwaffnend waren wie sein Lächeln. Zum Aussteigen reichte er mir die Hand, und als ich mich an ihr aus dem tiefergelegten Fahrzeug hievte, landete ich mit dem Gesicht direkt in seinem Schritt. »Oopsy-daisy!«, er strahlte mich an. Und ich versuchte krampfhaft, mich dadurch nicht von meinem »Ich-muss-heute-reiten-lernen-Plan« abbringen zu lassen.

»Hi, Steve, ich bin Mimi«, sagte ich und schob zur Klärung unserer Verhältnisse nach: »Ich reite Pferde.«

Steve lachte anzüglich: »Ja, erst mal schon. Na, dann zeig ich dir dein Horsie mal. Sie heißt Miss Diva.« Er zeigte in Richtung Stall. Aus einer Box wurde eine frisch gestriegelte Rappstute geführt. Sie sah kurz und abfällig zu mir herüber.

Als ich auf sie zuging, zeigte sie mir sogleich die kalte Schulter. Beziehungsweise das heiße Hinterteil. Steve, der Körperkontakt zu Pferden natürlich gewohnt war, schob seinen Vollblüter ein Stück beiseite und legte den Sattel auf. Mit sicheren Handgriffen zog er dem Tier die Trense über den Kopf und kam mir dabei ziemlich nahe. Er roch nach einer merkwürdig betörenden Mischung aus Stall und herbem Aftershave. Seit New York schienen meine kognitiven Fähigkeiten komplett schachmatt gesetzt. Ich war nur noch Instinkt und blähte meine Nüstern. Es überkam mich wirklich sehr große Lust, meinen »Ich-muss-heute-reiten-lernen-Plan« voll über den Heuhaufen zu werfen und mich stattdessen mit Steve in denselbigen hinein. Da es ohnehin meine Aufgabe war, als böse Stiefmutter allen das Leben durcheinanderzubringen, konnte ich doch hier mit dem heimischen Reitlehrer gleich anfangen. So einen Urlaubs-Dreh-Flirt mit Anfassen hatte ich schließlich noch nie erlebt. Ich wollte hot Stevie schließlich nicht heiraten (ich hatte mal gelesen, dass Reit-, Ski- und Tennislehrer nicht unbedingt zu der treuesten Berufsgruppe gehörten, und diese Tatsache machte aus ihm definitv kein »Marriage Material«), aber so ein bisschen Wälzen im Stroh würde ich mir wohl gönnen dürfen. Er wollte das allem Anschein nach auch ganz dringend, und einem geschenkten Gaul …

»Hast du ein eigenes Pferd?«, fragte mich Steve.

Ich flötete: »Ja, naja, nei… ja, also nicht direkt.« Und klimperte so heftig mit den getuschten Wimpern, als hätte ich Zuckungen im Auge. Meine innere Stimme mahnte: »Miiiimi, neiiiin, Schluss, aus! Du wirst ihm jetzt sofort gestehen, dass du kein Pferd hast, sondern ein Megaproblem und dass du null reiten kannst.« Ich wischte meine Bedenken beiseite. Schnell wechselte ich das Thema, bevor er mich noch fragte, wie mein imaginärer Gaul hieße: »Woher sprichst du so gut Deutsch, Steve?«

»Meine Mutter ist Deutsche, aber wir leben schon immer in Cornwall. Du bist keine Deutsche, oder? Du siehst so rassig aus wie Miss Diva, die du gleich reiten wirst«, flirtete Steve zurück.

Ich schmolz dahin. Er hatte eindeutig rassig gesagt und nicht alt! Da klopfte die blöde Stimme wieder an und sagte: »ICH WIEDERHOLE: Miss Diva, die du gleich reitest!«

Okay, das kam sogar in meinem untervögelten Hirnstamm an: REITEN. Und zwar ein Pferd.

Ich musste handeln. Und zwar sofort. Wenn Steve ahnte, dass ich in meinem Leben noch nicht mal Pferdeaufkleber in ein Stickeralbum geklebt hatte, würde er mich never ever auf Heu und Stroh betten. Ich durfte meine einmalige Chance nicht verstreichen lassen und log, dass sich im Stall die Balken bogen: »Ähm, also meinetwegen brauchen wir keinen Proberitt. Ich sitze ja nicht erst seit gestern im Sattel. No problem, Steve, echt. Alles im Griff!«

»Fab«, sagte Steve, »umso besser!« Ganz offensichtlich hatte auch er es eilig mit unserem Tête-à-Tête. »Das Glück dieser Erde liegt auf dem Rücken der Pferde«, dachte ich, und mit etwas Glück würde auch ich gleich auf dem Rücken liegen …

Darüber, wie ich meinen Filmritt hinbekam, konnte ich mir später noch den Kopf zerbrechen. Pf! Und überhaupt: Ich war ja eh nicht die Heldin.

»Du musst trotzdem auf Miss Diva eine kleine Runde drehen. Anweisung von der Filmversicherung. Hier, take your helmet«, sagte Steve und brachte mit einem Schlag meine Träume zum Platzen.

Miss Diva, die ihren Namen vernahm, fing an, unruhig auf der Stelle zu treten und mit den Hufen zu scharren. »Es ist ein Vollblüter und deswegen leicht nervös«, erklärte er mir fachmännisch. Die leichte Nervosität des Pferdes steigerte sich zur Unruhe. Es tänzelte und begann, mit dem Kopf zu schlagen. Steve hatte Mühe, die Stute zu halten, und rief einen Stallburschen zu Hilfe. »Miss Diva ist superfixiert auf mich und eifersüchtig auf alles, was mir zu nah kommt. Mit Fremden ist sie immer erst mal komisch. Du musst ihr einfach nur zeigen, wer der Boss ist, dann macht sie, was du willst.« Und sein tiefgründiger Blick verriet: »So wie ich …«

Mittlerweile war das blöde Tier so zappelig, dass sich an Maul und Sattelgurt weiße Schaumkronen bildeten. Es zerrte am Zügel und riss den Kopf so stark zur Seite, dass ihm das Auge wegglitt und das Weiß der Iris hervortrat. Diva sah aus, als käme sie direkt aus der Hölle.

Ein zweiter Stallbursche kam zu Hilfe, und sie hielten das unruhig vor sich hin trampelnde Pferd nun von beiden Seiten, während Steve mir den Steigbügel hielt.

Oh nein, oh nein, oh nein … Eine eifersüchtige Stute, die so riesig wirkte, dass ich einen Kran zum Aufsteigen brauchte. Mit Ponyreiten hatte das hier nichts zu tun. Ich fühlte, wie Panik in mir aufstieg. Aber ich durfte mich jetzt bloß nicht blamieren. Scheiß Versicherung! Wer braucht denn schon Versicherungen? Und böse Stiefmütter, die ritten?!

Steve schob meinen Allerwertesten in den Sattel und zwinkerte mir zu: »No problem, Mimi. Zeig ihr, wer der Boss im Stall ist!«

Diva schnaubte, Steve trat einen Schritt zur Seite, und die Jungs ließen sie los. Sie galoppierte aus dem Stand los. Quer über den Hof, übers Kopfsteinpflaster, vorbei an der Reithalle Richtung Hoftor. Ich saß auf einem Feuerstuhl. Der Helm rutschte mir ins Gesicht, ich fiel nach vorn auf den Hals und krampfte mich am Sattel fest. Einen Steigbügel hatte ich bereits verloren. Adios amigos! Mit jedem Galoppsprung kam ich mehr in Schieflage. Blind und schreiend versuchte ich, mich zu halten. Kurz vor dem Tor stieg das Vieh und bäumte sich auf. Ich flog in so hohem Bogen ab, als hätte ich mich auf einem Schleudersitz befunden.

Zum Glück landete ich in einem Heuhaufen.

Als ich wieder zu mir kam, weil Steve mir einen Klaps ins Gesicht gab und »Mimi! Mimi!« rief, dämmerte mir allmählich mein ganzes Elend. Ich lebte zwar noch, hatte mir aber ein Techtelmechtel im Heu wirklich anders vorgestellt.

Ich stöhnte ... warum das noch? War ich denn nicht schon genug gepeinigt worden die letzten Jahre?

Da saß ich nun mit meinem zerbeulten Helm, aufgeschrammten Wangen und aufgeschlagenen Knien. Wenigstens musste ich nun nicht mehr so tun, als hätte ich alles im Griff.

Steve klopfte Miss Diva streng auf den Hals und half mir beim Aufstehen.

Dann rief er die Ambulanz und ließ mich ins Krankenhaus bringen. Leider konnte er nicht mitfahren, weil er sich um Miss Diva kümmern musste. Die arme Stute war ganz verstört und brauchte seine volle Aufmerksamkeit.

»Du Pferdearschkriecher«, dachte ich, »so lädiert bin ich nur deinetwegen! Dein blödes Pferdestall-Aftershave und dein eifersüchtiger Gaul haben mich fast umgebracht!«

Und jetzt konnte mir dieser englische Affe nicht mal super-romantisch die Hand im Krankenwagen halten?

Ich hatte eine Gehirnerschütterung und Blessuren im Gesicht. Der Produktion erzählte ich, dass der Reitlehrer was mit seinem eigenen Pferd hätte und es nur deswegen zu diesem Unfall kommen konnte:»Ekelig, muss man sich mal vorstellen! Sodom und Gomorra! Ich meine, das war eindeutig, dass da zwischen denen was läuft. Dieses blöde Vieh war so suuuupereifersüchtig, die hätte nicht mal Paul Schockemöhle beherrschen können. Und ich bin echt keine schlechte Reiterin.«

Steve, die Petze, steckte denen dann aber natürlich, dass ich wie eine Querschnittsgelähmte auf dem Pferd gesessen und er einen Lastenaufzug gebraucht hatte, um mich überhaupt in den Sattel zu heben. Ich sei in diesem Leben definitiv noch nie geritten!

Was für eine Blamage! Immerhin musste ich erst mal nichts besteigen, meine Reitszenen wurden gedoubelt, und ich hatte eine Woche drehfrei, um mich gründlich auszukurieren. Ich habe dann»Reiten« aus meiner Vita gestrichen, und meine Agentin hat»Ausdruckstanz« eingefügt. Sie meinte, das käme meinen»besonderen Fähigkeiten« wohl am nächsten.

Mir wurde mal wieder bewusst, unter was für einem beschissenen Karma ich stand. Nirgends war ich sicher davor, nicht in New York, nicht in Rimini und auch nicht in England.

Immerhin, wieder allein zu Hause konnte ich aufstehen, wann ich wollte, frühstücken im Bett, mit meiner Tochter leckere Sachen kochen, die uns schmeckten, ungestraft Rosamunde-Pilcher-Filme in Jogginghose gucken und dabei schachtelweise Toffifee essen, ohne zu befürchten, bescheuert oder dick auszusehen. Und die Miete war längst im Voraus bezahlt. Nur mit den Notlügen musste ich wohl aufhören, um das Universum gnädig zu stimmen. Und zwar schleunigst.

Sonst würde das mit dem Schloss nichts werden.

Medium rare

Nach zwei Wochen Rumlungern auf der Couch hatte ich mich von meiner Blamage und meiner Gehirnerschütterung erholt, dafür hatte ich aber auch etliche Schokodrops zu viel auf den Rippen. Und mein Grauansatz war auch schon wieder zu sehen.

»Hast echt schon mal besser ausgesehen«, dachte ich beim Blick in den Spiegel. »Ach, was soll's«, sagte ich mir, malte mir den Grauansatz mit Wimperntusche schwarz nach und ging mit Nina zu einer Charity-Party in Frankfurt. Nach der ganzen Rumhängerei fiel mir einfach die Decke auf den Kopf. Geben ist seliger denn Nehmen, hieß es in der Bibel, und ich dachte, wenn ich etwas Mildtätiges unterstützte, würden dafür sicherlich auch ein paar Karma-Punkte abfallen. Und die konnte ich wirklich gut gebrauchen.

Auf dem Weg dorthin klärte mich Nina darüber auf, dass es sich um eine Sportveranstaltung handle und der Schirmherr ein ehemaliger Hochleistungsturner sei. Der sammle Geld ein für talentierte mongolische Turner aus armen Verhältnissen, damit die es auch mal nach ganz oben schafften.

»Das ist eine feine Sache«, fand Nina. »So was muss man unterstützen, wo man kann.«

»Aber was haben wir denn mit einer mongolischen Turntruppe zu tun? Immer dieser Pseudo-Charity-Quatsch.

Gibt's denn hierzulande niemanden, den wir unterstützen könnten?«, wunderte ich mich.
Nina schwieg einfach.
Ich sagte lieber auch nichts mehr.

Die Veranstaltung war gähnend langweilig. Ich stopfte mir den ganzen Abend Häppchen in den Mund, und der Schirmherr erzählte zwei geschlagene Stunden lang seine eigene Erfolgsgeschichte und erwähnte die Mongolen genau ein einziges Mal. Ich war so angeödet, dass mir mehrfach sehr laut der Ellbogen vom Tisch rutschte.

Es wollte keine Stimmung aufkommen, und jeder laberte belangloses Zeug vor sich hin. Ich nickte immer nur freundlich und versuchte, Nina durch Blickkontakt zum Gehen zu animieren. Aber die unterhielt sich sehr angeregt mit der Freundin des Schirmherrn, die eher nach russischer Escort-Dame als nach Ex-Turnerin aussah, und drehte mir demonstrativ den Rücken zu.

Also gesellte ich mich zu einer Gruppe anderer Frauen dazu, damit ich nicht wirkte wie ein einsames Kind, das im Bällebad vergessen worden war. Prompt geriet ich in eine Unterhaltung über Sport.

Welch Überraschung!

Die Damen, allesamt Diplomatengattinnen, begeisterten sich für Crossboccia, Bouldern oder Skiken. Die große Blonde prahlte mit Stand-Up-Paddeling, die kleine Dickbusige mit Tabata und mit Sling Training, Pilardio und Slacklining die anderen drei. Dabei tauschten die Ladys Selfies vom Sportmachen aus oder zeigten sich ihre letzten Insta-Stories.

»Joggen ist ja mittlerweile so out«, wandte sich die große

Blonde an die dickbusige Kleine. »Das ist nur etwas für Menschen aus den Siebzigern, die am liebsten noch mit D-Mark bezahlen würden.«

Die Runde lachte.

»Für Menschen wie mich also? Ich rechne immer noch alles in D-Mark um«, sagte ich, »liegt wahrscheinlich daran, dass ich den Siebzigern geboren bin.«

»Oh, das meinte ich nicht so«, beschwichtigte mich die große Blonde. »Also, wenn du joggst, dann ist das natürlich auch super! Läufst du auf dem Band oder in der Natur? Ich habe gehört, Joggen auf dem Band sei viel gelenkschonender.«

Mit Joggen und Marathon wollte ich nach Dr. Pfirsich lieber nicht mehr um die Ecke kommen, also blieb ich bei der Wahrheit: »Ich mache keinen Sport. Keinen ›In‹-Sport, nicht mal einen ›Out‹-Sport. Schon gar keinen Reitsport. Ich mache einfach gar nichts.«

»Ach so«, murmelte die kleine Dickbusige und schaute mich mitleidig an. »Kannst du körperlich nicht, oder was ist der Grund?«

»Was der Grund ist?« Ich lachte kurz hysterisch auf. »Der Sport will etwas von mir, das ich ihm nicht geben kann: Und zwar Disziplin. Es ist nicht so, dass es mir sonst daran fehlt. Ich kann mühelos ein komplettes Haus von oben nach unten putzen, ich kann entrümpeln, Ordnung halten, Möbel schleppen, Rasen mähen, Blumen pflanzen, Wäsche waschen und zusammenlegen. Bügeln, Fenster putzen – alles kein Problem!«

»Ah« und »Mhm« und »Ach so«, murmelte die Runde, und ich spürte, dass man sich lieber ohne mich weiter über die supertollen neuartigen Sportarten unterhalten würde.

Daraufhin legte ich erst richtig los: »Also, ich finde ja,

Putzen ist auch so was wie Sport! Dabei verliert man superviele Kalorien, alleine beim Staubsauger-die-Treppen-hoch-und-runter-Schleppen. Und ich schrubbe zum Beispiel immer auf den Knien. Ich hab mir sogar Knieschoner gekauft. Ich mach da richtig Breakdance!« Ich führte einen meiner Breakdance-Putz-Moves vor. »Müsst ihr echt mal ausprobieren!«

Die große Blonde guckte verständnislos. «Wir haben eine Zugehfrau, die solche Dinge für uns erledigt.«

Ich lachte amüsiert: »Zuuuuugehfrau! Traumhaft! Wie lange ich das Wort schon nicht mehr gehört habe. Zugehfrau! Natüüüürlich habt ihr alle eine Zugehfrau. Und einen Gärtner, nicht wahr?«

Ich boxte einer der Diplomatenfrauen jovial in ihre Size-Zero-Taille und zwinkerte: »Stimmt's oder stimmt's, hm?«

Die Ladys schauten einander betreten an, und mich beschlich das Gefühl, dass es an der Zeit wäre, den Abflug zu machen. Also gähnte ich lautstark und verabschiedete mich:

»So! Ich hab mich hier total gut amüsiert, aber ich habe mich heute beim Putzen soooo ausgepowert, ich muss echt ins Bett. Morgen wartet wieder eine harte Trainingssession auf mich. Ich putze meine Küchenschränke. Ich reinige die Ecken sogar mit Ohrenstäbchen. Uff! Das ist wie Cardio, das wird anstrengend. Euch weiterhin viel Spaß beim Tabaluga!«

»Es heißt Tabata«, korrigierte mich die große Blonde und sah mich dabei so entgeistert an, wie man nur jemanden anschaute, der offensichtlich ein bisschen gehirnamputiert war.

Zu Hause im Bett konnte ich nicht gleich einschlafen. War ich denn wirklich so unsportlich? Woher kam bloß diese Antihaltung zum Sport? Es war ja nicht so, dass ich Sport nicht nötig hatte – im Gegenteil. Einmal hatte ich mich doch schon überwunden. Sport gegen Geld, lautete das Angebot, und die Summe hatte mich gelockt wie die Loreley die Seefahrer: »Super, eine faire Aufwandsentschädigung«, fand ich ... Ein Ruck war durch mich durchgegangen wie beim unglaublichen Hulk, wenn er grün wurde und das T-Shirt riss. In einem Anfall von Übermut und wohl auch, weil das Zeitfenster zur Erreichung meines Traumkörpers sich rapide zu schließen begann, wie mir ja meine Agentin in aller Deutlichkeit erklärt hatte, hatte ich mich zur Teilnahme an einer Tanzshow überreden lassen. Was ich dabei nicht bedacht hatte, war, dass Sylvie Meis die ganze Nummer moderierte.

Überall, wo Sylvie Meis wie ein Revuegirl aus der Torte stieg, schlug ihr Bewunderung für ihr geradezu perfektes Aussehen entgegen – man sollte ihr also nie ungestylt begegnen.

Das tat ich aber leider.

Ich hatte gerade meine Instagram-Einführungsphase und war seit dem Cornwall-Dreh wochenlang in #nomakeup rumgelaufen. Von Tweed und eng sitzenden Hosen hatte ich die Schnauze gestrichen voll. Ich trug einen pyjamaartigen Trainingsdress aus den Achtzigern und fand mich supercool.

Bis ich auf Sylvie traf. Es war auf einer ihrer Moderationsproben. Sie hatte diesen »Glow« im Gesicht, obwohl sie null Schminke trug und dabei trotzdem aussah, als käme sie gerade von einer Beautyfarm. Sie erschien in einem dieser

Longpullis, wobei das »long« eine irreführende Bezeichnung darstellte. An dem Pulli war gar nix long, er ging gerade mal knapp über den Po und zeigte viel Bein, vor allem viel Oberschenkel. So etwas konnte natürlich kein Mensch anziehen, der seine Zeit lässig auf dem Sofa verbrachte, auch wenn er dabei einen Trainingsanzug trug, so wie ich. Aber Sylvie konnte. Sie hatte nämlich keine Cellulite, keine Dellen, keine Streifen, keine Knubbelchen, nicht mal Augenringe. Sylvie war wahrscheinlich ohnehin der einzige Mensch auf diesem Planeten, der so etwas tragen konnte. Ich war überzeugt, sie konnte die Gravitation einfach außer Kraft setzen. Sie sah in natura genauso aus wie auf den Bildern, man konnte es drehen und wenden, wie man wollte. Käme ich in einem solchen Longpulli, noch dazu wie sie ohne Strumpfhose, dächte jeder: »Jetzt ist sie komplett durchgedreht und ohne Hose aus dem Haus gegangen!« Wenn ich mich doch trauen sollte, mit so einem Strickwunder vor die Tür zu treten – im Karneval zum Beispiel –, zöge ich auf jeden Fall eine 80-DEN-Strumpfhose an. Zur Sicherheit wahrscheinlich sogar zwei übereinander.

Und als wäre der Pulli nicht schon ein Angriff auf das Selbstbewusstsein einer jeden normal gestalteten Frau gewesen, trug Sylvie dazu noch Overknees, die über den Knien ihre glatte, schön gebräunte Haut freigaben. Diese Art Stiefel hatte bei mir einen ähnlichen Effekt wie halterlose Strümpfe: Meine Haut hing über den Rand wie ein Muffin über seine Papiermanschette.

Sylvie Meis schien von meinen inneren wie äußeren Qualen nichts zu ahnen und begrüßte mich mit diesem unverkennbaren, entzückenden Hollandakzent und zeigte dabei die weißesten und geradesten Zähne, die ich je gesehen hatte. Ich dagegen besaß keinen einzigen Zahn mehr, der mir von Natur aus gewachsen war. Zu allem Überfluss war dieser göttliche Import aus den Niederlanden auch noch sehr, sehr freundlich und äußerst gut gelaunt. »Ich wäre auch gut gelaunt, dauergut gelaunt, wenn ich so aussähe«, dachte ich. Aber ich habe neidlos anerkennen müssen, dass sie zum Prototyp »Perfekter-weiblicher-Körper« gehörte, und sagte mir: The show must go on! Dafür war ich schließlich angetreten.

Die Blondinen waren – so schien es – in meinem Leben mein Verhängnis. Erst Jean-Baptiste, dann die dreijährige Pool-Kröte und nun Sylvie. Nur dass Letztere garantiert nicht dick und glatzköpfig endete, und sie mit Sicherheit auch nie von jemandem »meine kleine Pummel-Sylvie« genannt werden würde. Naja, wahrscheinlich hatte sie einfach saugute Gene, hervorragendes Bindegewebe und total viel Glück.

Damit tröstete ich mich die ersten Tage nach unserer Begegnung über meine eigenen Unzulänglichkeiten hinweg. Böse Zungen hätten einfach behauptet: »Die ist doch total gemacht!« Natürlich glaubte ich das nicht, denn tief in mir wusste ich: Eine Sylvie Meis oder auch eine Jane Fonda, die mit achtzig besser aussah als ich in meinen Vierzigern, hatten mir eines voraus, und das war eiserne sportliche Disziplin. Nur zu behaupten, man sei Marathonläuferin, reichte eben nicht. Und leider konnte kein Narkissos dieser Welt einem Muskeln spritzen oder Gewebe glätten. Ich hatte es ja versucht. Und der deutsche Volksmund kannte die Wahrheit: »Von nix kommt auch nix!«

Darum hatte ich mir dann eine teure Ernährungsberatungs-App gekauft, die war zwar schön teuer, brachte aber trotzdem nix. 120 Euro im Monat kostete sie. »Ich sollte mich echt weniger im Internet rumtreiben«, dachte ich noch, »irgendwann bin ich pleite.« Aber diese App war der Ferrari unter den Abnehm-Apps. Also musste sie gut sein! Ich hatte sie zwar gekauft, sie aber seither genau einmal benutzt. Bei der Anmeldung nämlich. In der festen Absicht, bald auszusehen wie die junge Madonna oder zumindest wie Demi Moore in diesem Stripteasefilm. Natürlich hatte ich dabei verdrängt, dass die junge Madonna vor allem eines war: jung. Und Demi Moore hatte für den Stripperfilm ununterbrochen ihre Hollywood-Personal-Trainer-Bauch-Beine-Po-Übungen durchgeturnt und nicht so wie ich weit nach 21 Uhr schachtelweise Toffifee gegessen. Die Begegnung mit dem Reitlehrer war einfach ganz schlecht für meine »Metabolic Balance« gewesen.

Ich hatte mir natürlich nicht nur eine App gegönnt, sondern auch gleich den Fitnesstrainer dazu. Bezahlt im Voraus. Hab's ja! Zehnmal fünfundvierzig Minuten Training. »IBC – Intensives Body Coaching«, stand da.

Direkt nach meiner App-Anmeldung und dem Trainerbuchen hatte ich einen exorbitanten, wenn auch sehr flüchtigen Glücksrausch und schaute mir einen ganzen Nachmittag ausschließlich Fitnessvideos und Bauchmuskeln auf Instagram an. Dann postete ich so kryptische Sachen wie: »You can do it!« oder: »A change is gonna come!« Ich war ziemlich stolz auf mich, denn normalerweise guckte ich nicht mal die Sportschau.

In maßloser Selbstüberschätzung bestellte ich den Fitnesstrainer für 7 Uhr 30 am nächsten Morgen. Und versuchte am gleichen Morgen um 7 Uhr 25, ihn wieder abzubestellen. Ich erzählte ihm, dass ich ganz schlimm meine Tage hätte. »Medium rare«, sagte ich, und dass es daher leider völlig unmöglich sei zu trainieren.

Völlig unbeeindruckt sagte er, die weibliche Periode sei heute kein Grund mehr, keinen Sport machen zu können. Hörte ich da nicht antifeministische Tendenzen heraus? Oha, jetzt war er fällig! Ob es denn auch eine männliche Periode gäbe, weil er anscheinend so gut Bescheid wisse, hakte ich nach. Mein innerer Widerwille war durch diesen impertinenten Vorturner mit seinem aufgepumpten Körper in den Dimensionen meiner Schrankwand auf das Höchstmaß angestiegen.

Und obwohl ich natürlich keinen Milliliter blutete, fragte ich ihn dann, ob er schon einmal eine Schweineschlachtung gesehen habe. Live oder zumindest im Fernsehen? Als er den Kopf schüttelte, beschrieb ich ihm die Schlachtung in allen Rotschattierungen: »Dunkelrot, blutrot, so rot, roter geht es nicht. So ist das bei mir.« Ich blutete derart, behauptete ich, dass ich kurz vor einer Anämie stehe. Kurz vor einer Ohnmacht. Kurz vor dem Totalzusammenbruch meines Systems. Keinesfalls könne ich Sport machen und schon gar keine Bauchmuskelübungen, nicht heute, nicht morgen. Ich käme vielleicht überhaupt nie wieder auf die Beine.

Das mit dem Schwein hatte ihn nachhaltig beeindruckt. Jedenfalls stammelte er, ich solle mich melden, sobald es mir besser gehe, aber er müsse die Stunde jetzt natürlich berechnen. Ich schüttelte ihm die Hand und klopfte ihm so männlich wie möglich auf die Schulter: »We can do it! YOU can do it! Wohooo!« Er lief rückwärts aus der Haustür, so als hätte er Angst, ich würde ihn als blutverschmierte Untote von hinten anfallen, und ich wusste: Den siehst du nie wieder.

Seltsamerweise war ich jetzt so richtig deprimiert. Ich suchte Trost und rief Nina an. Ich erzählte ihr, wie frauenfeindlich der Trainer gewesen sei. »Mimi«, sagte sie leicht abwesend, wahrscheinlich las sie, während sie mit mir telefonierte, wieder irgendein Interview, »ich verstehe überhaupt nicht, was du hast. Du siehst doch im Fernsehen super aus.«

»Von wegen im Fernsehen«, unterbrach ich sie. »Ich darf jetzt nur noch die böse Stiefmutter spielen, und meine Agentin hat mir knallhart gesagt, dass ich alt aussähe!«

»Aber in der Pilcher-Schnulze sahst du doch toll aus. Stella hat mir die Bilder gezeigt. Und hat der heiße Steve dir nicht auch bescheinigt, dass du rassig aussähest?« Sie musste lachen.

»Bitte erwähn den nie mehr. Blöder Gaul! Er *und* das Pferd!«, regte ich mich auf. »Und ja, du hast recht: nachdem ich stundenlang in der Maske gesessen und ausgeleuchtet worden bin wie das La Fayette zur Weihnachtszeit, sehe ich auch toll aus. Aber ich kann ja schlecht immer erst mal alles ausleuchten lassen, wenn ich irgendwo hingehen will.«

Als wir aufgelegt hatten, wurde mir klar: Ich hätte den Trainer nicht in die Wüste schicken sollen, und ich hätte nicht schon wieder schwindeln sollen … Ich musste wohl doch Sport machen. Und zwar kein Ponyreiten und keine Strohschlacht, weil das Leben bekanntlich ja kein Ponyhof ist. Ich musste richtigen Sport machen.

Aber alles in mir sperrte sich dagegen … Ich hätte mir sogar lieber von Narkissos eine Fettwegspritze in die Oberschenkel rammen lassen, als ausgedehnte Bauch-Beine-Po-Übungen zu machen. Es war nämlich so, dass alle meine Zellen gleichzeitig in einen komatösen Verweigerungszustand fielen, sobald ich das »S« von Sport auch nur las. Und wenn man bedachte, dass das ungefähr 100 000 000 000 000 Zellen waren (in Worten: einhundert Billionen Zellen), die sich verweigerten: Was konnte ich kleines Individuum dagegen ausrichten? Wenn man sie aneinanderlegte, könnte man eine Verweigerungskette bilden, die sechzigmal um die Welt ginge.

Also, was tun? Meine nächste glorreiche Idee: Teamwork! Sport mit anderen als Motivationsschub: »Zusammen sind wir stark! Yes, we can!«

Bereits einen Tag später hatte ich mich im Fitnessstudio angemeldet. Vor mir stand ein kompetent wirkender Fitnessberater, der mir erklärte, was in meinem untrainierten Körper noch für unentdeckte Kapazitäten steckten. Ich war beeindruckt. So hatte ich mich noch nie wahrgenommen. Und da packte mich dieser Irrsinn, dieses »Rocky-Syndrom«, diese völlig durchgeknallte Annahme, ich hätte jetzt den Dreh raus, es wäre der Tag der Tage, der Beginn meines sportlichen Triumphes, dieses Gefühl, dass ich ziemlich bald wirklich aussähe wie Jane Fonda.

Also buchte ich selbstverständlich den Zweijahresvertrag mit Extrabetreuung, Sauna und Zugang zu allen Kursen. Und natürlich sah ich das Fitnessstudio seit der Anmeldung nie wieder von innen. Abgebucht wird leider bis heute. Wenn ich darüber nachdenke, was ich von dem Geld für die App, den App-Trainer und das Fitnessstudio für Reisen hätte machen können, wie oft ich hätte essen gehen können, wird mir ganz anders.

Naja, ab und zu hatte ich es ja immerhin geschafft, meinen inneren Schweinehund zu überwinden. Es war zwar immer Geld im Spiel gewesen, aber, was soll's – ich war Kroatin, also von Natur aus bestechlich. Es lag quasi in meinen Genen. Für meine Sportepisoden im Fernsehen und mein nacktes Ich im Hochglanz-Schmuddel-Format hatte ich schnell mal die Hanteln geschwungen. Und siehe da: Ich hatte die Gabe, sehr schnell Muskeln aufzubauen.

Dieses Wunder hatte der Herrgott allerdings wahrscheinlich nur geschehen lassen, um mir zu zeigen, dass es möglich wäre. Aber leider fanden meine sportlichen Anstrengungen immer schnell ihr jähes Ende. Jedes Mal, wenn das letzte Bild im Kasten und der letzte Tanz ausgetanzt waren, ließ ich die Hanteln fallen, als hätte ich die ganze Zeit Sprengstoff gehalten, und war gerannt, als wäre der Leibhaftige hinter mir her.

Inzwischen hatte ich mir auf die Frage »Und welchen Sport machst du so?« folgende Antwort zurechtgelegt: »Ich habe meinen Sport noch nicht gefunden«, sagte ich jetzt. Das klang doch sehr romantisch, oder? So, als suchte ich immer noch nach meinem Traumprinzen – was ich ja rein faktisch sogar tat – und fände ihn sicher irgendwann. Und dann würde ich mit ihm Hand in Hand im Sonnenuntergang spazieren. Oder auch powerwalken, fit wie ein Turnschuh. Hoffentlich!

Nivea und Hans Rosenthal

Der Cornwall-Dreh steckte mir noch immer in den Knochen. Nicht nur, weil ich mir beim Sturz von Miss Diva Kopf und Knie aufgeschlagen hatte. Vor allem hatte mein Selbstbewusstsein ordentlich eins auf die Mütze bekommen. Die Sache mit der bösen Stiefmutter nagte mehr an mir, als ich zugeben wollte. Eine »Dame« in Tweedjacke und Handschuhen – nee, das wollte ich sicher nicht werden. Die Vorstellung, mit einer Föhnfrisur wie eine Pusteblume nur noch Best-Ager-Rollen zu spielen, war mir ein Graus. Ich fand am Älterwerden überhaupt nix spannend.

Beruflich, moralisch und optisch war ich an einem Tiefpunkt angelangt. Ich fand mich null attraktiv. Das Gewebe wabbelte, die Haut verfleckte, und ich hatte eine Toffifee-Figur, gegen die nur noch mit Sport anzukommen war.

Verdrießlich trottete ich ins Bad und nahm mir den Handspiegel mit der Zehnfach-Vergrößerung. Ich fand meine schlimmsten Befürchtungen bestätigt: überall tiefe Furchen, große Poren, Krähenfüße. Auch das noch! Gestern war das doch alles noch nicht da gewesen. Nicht nur Wellblechhaut unterhalb des Halses, jetzt obendrein schon wieder Augenringe und Falten. Herzlichen Dank, Universum! Wie sollte ich denn so einen Mann finden?

Ein paar Tage später traf ich mich mit Stella zum Mittagessen. Sie kam gerade aus LA wieder, wo sowieso jeder aussah wie ein Hollywoodstar. Offensichtlich fand auch Stella trotz ihres Jetset-Lebens noch genug Zeit, sich im Fitnessstudio rumzutreiben, denn sie schien supertrainiert und wirkte happy.

Ich heulte ihr die Ohren voll: »Ach, Mann, Stella, früher war doch alles viel besser – einfacher irgendwie, oder? Als wir klein waren, gab es genau drei Fernsehprogramme im Röhrenfernseher. Ich habe im Frotteeschlafanzug zusammen mit meiner Familie die öffentlich-rechtlichen Samstagabendshows geguckt. Drei Generationen Kroaten vor einer deutschen Glotze mit Rudi, Wim und Hans Rosenthal. Weißt du noch: Das war spitze!«

Stella lachte: »Stimmt! Und erinnerste dich? Es gab genau drei Hautcremes in Blechdosen: Nivea, Bebe und Kaufmanns Kindercreme.«

Ich erinnerte mich genau: »Ja, die ›Kinderkaufmanns‹! Die war extra fettig, und damit hat mir meine Mutter immer Knie und Ellbogen eingerieben, weil sie meinte, dass die besonders viel Fett bräuchten, sonst sähen sie im Alter aus wie eine Ziehharmonika. Das Gesicht hat sie mir mit Bebe eingerieben. Ich habe dabei den Deckel der offenen Dose in den Händen gehalten und mir das Bebe-Mädchen in der Innenseite des Deckels angeschaut. Dann habe ich ihr auch ein bisschen Creme ins Gesicht geschmiert.«

Es stimmte: Meine Kindheit war ein Traum. Ich hatte ein Bonanza-Rad und meine Eltern eine Hollywoodschaukel. Ich trug Holzclogs und Lederhosen, meine Mutter trug lange, gemusterte Röcke mit Stulpen drunter. Ich besaß ein mit Prilblumen dekoriertes Kettcar, fuhr Discoroller, sammelte Schlümpfe, hörte »Hanni und Nanni«-Kassetten, bis das Magnetband leierte, kuschelte mit meinem Monchichi, und Pumuckl war mein bester Freund. Und als ich dann noch eine Barbie-Kutsche von meiner Tante zu Weihnachten bekam, war ich vollkommen glücklich. Meine Welt war so schön und so bunt wie ein »Fix und Foxi«-Heft. Das »im Alter« war weit, weit weg, so wie Captain Future, in einer anderen Galaxie.

In einer Zukunft, vor der ich mich als das kleine Mädchen, das das Bebe-Mädchen eincremte, sicher gefürchtet hätte. In der es Telefone zum Mitnehmen geben würde, die so groß wären wie eine Zigarettenschachtel, nur viel dünner, und die man antippte, um Bilder von Fremden zu »liken«.

In einer Zukunft, in der alle Frauen unter den Armen keine Haare mehr trügen, dafür aber Schlauchboote im Gesicht, und aussähen wie Menschen aus einem Horrorfilm.

In einer Zukunft, in der die Marlboro-Männer alle verstorben wären, weil sie für Geld zu viel geraucht hätten, und man überhaupt nirgends mehr rauchen dürfte und überhaupt ziemlich vieles verboten wäre. Nicht, dass ich verqualmte Restaurants und Flugzeuge zurückhaben wollte – aber trotzdem ...

Ich sinnierte: »Irgendwie waren die Erwachsenen unserer Kindheit viel entspannter, findste nicht, Stella? Vor allem die Frauen, oder? Meine Mutter und ihre Freundinnen zum Beispiel scherten sich nicht um Cellulite, ich weiß gar nicht, ob die überhaupt welche hatten.«

Stella lachte: »Und meine Mutter hat ihr Bikinihöschen immer schön 'ne Nummer zu klein gekauft. Daran erinnere ich mich, dass nämlich ihr Bauch so ein bisschen überquoll, sie das Ganze aber so trug, als wäre es der letzte Schrei. Und Haare, die rechts und links vom Bikinihöschen rausschauten? Kein Problem für sie. Schließlich waren die ja da, also wozu der Geiz. Genauso hast du es ja auch mal gemacht, Mimi, oder?« Sie lachte.

»Das war ein Versehen, Stella! Konnte ja nicht wissen, dass mich auf deiner Scheidungsparty dieser Teenager vernaschen will. Oder besser ich ihn.«
»Wer's lang hat, der lässt es auch lang hängen ...«, witzelte Stella.

Anders als wir heute waren die Frauen von damals wirklich cool, hatten dieses Bewusstsein darüber, wer und was sie waren, so als trügen sie in ihren Basttaschen den ausgestreckten Mittelfinger mit sich herum. »Who cares«, lautete die Devise. Meine Mutter fand sich perfekt, so wie sie aussah. Sie wollte weder dünn noch super »in shape« sein. Alles, was sie wollte, waren keine schrumpeligen Knie und Ellbogen: richtig hässlich sei das, geradezu ekelig, an diesen Stellen auszusehen wie eine Schrumpelhexe. Eincremen war eben wichtig. Immer schön eincremen. Und natürlich benutzten früher alle die gleiche Hautcreme – es gab ja auch nur die besagten drei. Als Duft trugen Frauen Tosca, und die Männer benutzten Old Spice After Shave und gar keine Creme.

Wenn man sich ab und zu bei Mamas Nivea-Topf bedienen durfte, wusste man, oha, jetzt wurde man erwachsen. Schön dick aufs Gesicht klatschen und dann ab in die Schule, glänzend wie die frisch polierte Motorhaube unseres Volkswagen Passat. Kaufmanns Kindercreme kam auf Knie und Ellbogen, die gute Nivea war ausschließlich für das Gesicht. Der Rest wurde ausgespart. Nur im Sommer am Strand bekam der Rest des Körpers auch etwas Schmiere. Sonnencreme und danach After-Sun-Lotion oder, für die hartgesottenen Ökos, eine kühle Joghurtpackung gegen den Sonnenbrand. Eitlere Menschen griffen damals zu Tiroler

Nussöl und brutzelten in der Hitze wie Hähnchen im Grillwagen.

Ich fragte mich, warum damals alle unbedingt aussehen wollten wie Sonny Crockett aus »Miami Vice«? Wahrscheinlich, um hinterher mit der tollen Reise angeben zu können. Früher brauchte man ja die Bräune, damit einem jeder den Urlaub ansah. Damals war's ja technisch noch nicht möglich, sein Selfie durch einen Filter zu jagen und ungefragt an Tausende Follower gleichzeitig zu senden. Früher, als man seine Nachbarschaft bei Mettigel und Käsespießchen auf einen Diaabend mit Ferienbildern in den Partykeller einlud ...

Im Winter dagegen wäre nie einer auf die Idee gekommen, sich einzucremen. Für was denn auch, die Knie steckten ja in Strumpfhosen, und man war ohnehin komplett eingemummelt. Denn draußen lag etwas, an das man sich heute kaum noch erinnern konnte: Schnee. Und zwar tonnenweise.

Selbstverständlich hatte auch ich mich im Laufe meines Erwachsenwerdens dem Zeitgeist angepasst. Heute cremte ich mich nonstop ein. Völlig hysterisch.

»Weißt du, Stella, das bringt doch alles nichts«, jammerte ich. »In meinem Bad türmen sich unzählige anmutige Fläschchen, grazile Ampullen und elegante Tiegel, als wäre ich das Hauptlager für den Online-Shop von Douglas. Da, wo meine Mutter nur ihre große blaue Dose postiert hatte, steht bei mir eine Armee an Wundermitteln, die supersinnliche Erlebnisse und superzarte Gefühle versprechen und dabei superbetörende Düfte verströmen. Mit ihnen sollen wir Frauen in eine ganz neue Dimension der Alterslosigkeit vorstoßen. Mhm, klar. Dass ich nicht lache! Jetzt guck mich an, bitte: Ich kriege Scheiß-Stiefmutter-Rollen angeboten!«

Stella sah mich an: »Deswegen habe ich beschlossen, ich mach da nicht mit, beim Altwerden. Und du auch nicht. Uuuuund: Ich habe jetzt *die* ultimative Geheimwaffe mit ungeahnten Fähigkeiten!«

Mit diesen Worten stellte sie mir einen kunstvollen Flakon vor die Nase. Das Produkt war eigentlich ein Geschenk für Stella gewesen. Die hatte es von einem ihrer hyperreichen Mandanten geschenkt bekommen. Als kleine Belohnung für einen gewonnen Fall, aber sie behielt aus Prinzip keine Geschenke von fremden Männern, daher bekam ich das Zeug jetzt. Um mich moralisch wie optisch wiederaufzurichten, meinte Stella.

Es handelte sich um einen Flakon, der sehr elegant daherkam und wahre Wunder versprach.

»Das hat man in gehobenen Kreisen jetzt so«, klärte Stella mich auf.

Aha, einfach nur »Creme« hatte man nicht mehr, das war »out«, so »out« wie Haare unter den Achseln. Serum hieß also das Mittel, worauf ich mein Leben lang gewartet hatte. Die Lösung wirklich aller, aller Probleme. Endlich! Was das so koste, wollte ich wissen.

»Einen Zehner. 10K. Also 10 000 Euro«, antwortete Stella zurückgelehnt.

»Tssss«, ich pfiff durch die Zähne. »Sage und schreibe 10 000 Euro. Halleluja! Das ist ja ein echtes Schnäppchen!«, lachte ich.

»Aber es ist doch ein Geschenk, Mimilein! Und es hilft wirklich«, versicherte Stella mir.

Sie schob das Serum bedeutungsschwanger über den Tisch und flüsterte: »Probier's unbedingt noch heute Abend aus! Die Ehefrau meines Mandanten schwört darauf. Und *ich* schwöre dir, danach kriegst du jede Rolle in jedem Fernsehfilm und Werbespot der Welt. Ganz ohne Reiten!«

Da waren wir also, das Serum und ich. Und ganz kurz war ich verführt, mir das Gesicht mit dem kompletten Inhalt vollzuschmieren und meiner Verjüngung zuzuschauen. Aber ich wollte lieber nicht mal daran riechen. Denn am Ende wäre das wirklich so ein Wundermittel, das die Haut von einmal Benutzen um zwanzig Jahre verjüngen könnte – und dann hätte ich den Salat. Dann müsste ich mein Leben aufgeben und nur noch für ein Serum arbeiten gehen. Und wenn mich dann jemand fragte, was denn der Sinn meines Lebens sei, müsste ich antworten: Das Serum. Und ich würde dabei ein bisschen irre dreinschauen, und die Mütter zögen ihre Kinder weg und so. Nee, also das konnte ich beim besten Willen nicht auch noch gebrauchen. Schönheit hin oder her!

Tatsache war aber, dass Frauen seit Menschengedenken alles gaben, ihr Geld, ihre Zeit und manchmal sogar ihren guten Ruf, um in den Besitz von Schönmachern zu gelangen. Cleopatras Ruf als Schönheitsgöttin war bis heute legendär. Selbst der kälteste Mann und ärgste Weiberfeind konnte ihr laut Julius Cäsar nicht widerstehen. Ihre Schönheit verdankte Kleopatra rituellen Bädern in Esels- oder Stutenmilch. Auch mit Lippenstift, Kajal und Lidschatten half sie nach. Und wer weiß schon, dass sich Marilyn Monroe, das Sexsymbol schlechthin, ihre blonden Locken täglich mit Wattestäbchen nachfärbte. Und Sophia Loren? Ihre Augenbrauen waren weltberühmt und eine Kunst für sich, denn sie rasierte sie komplett ab und zeichnete sie dann neu. Täglich, jedes Härchen einzeln, mit senkrechten Strichen. Und jetzt hatten wir so tolle Kosmetikprodukte wie Seren mit hyperkomplexen Inhaltsstoffen. Vorbei die Zeit, als der Druide »Hilftjanix« Kräuterextrakte bei Vollmond zusammenmischte, noch einmal kräftig reinspuckte und das Gebräu als Schönheitstrank gegen Goldmünzen zu Markte trug. Vorbei auch die Zeit der großen blauen Dose meiner Kindheit.

Geblieben ist, dass sich mit unserer Sucht nach äußerer Perfektion und Anerkennung eine goldene Nase verdienen lässt. Und um genau diese eine goldene Nasenlänge sind uns die Hersteller von Diamantflakons voraus. Es ist wahrscheinlich nicht so, dass die uns nur anflunkern, aber so ein klitzekleines bisschen tun sie es schon. Jede Rolle? Wegen eines Serums? Das konnte auch nur Stella glauben ...

Mit vielversprechenden Aufschriften auf ihren goldenen Tiegeln gaukelt uns die Industrie ewige Jugend vor als ultimative Lösung für alles. Vor allem gegen FALTEN. Ja, es ist wahr. Manchmal würde auch ich gerne die Zeit anhalten. Nicht nur wegen der Falten und Altersflecken, sondern weil man tatsächlich manchmal den Eindruck bekommen kann: »Früher war alles besser«. Vielleicht würde mir ja beim Zeitanhalten die Verwendung einer dieser neuartigen Cremes mit Schneckenschleim helfen? Aber eigentlich wollte ich das lieber gar nicht herausfinden und dann doch lieber die böse Stiefmutter spielen ...

Trotzdem – hässliches Wort: Falten. Wäsche faltet man, damit sie nicht zerknittert. Aber sich selbst kann man nicht ent-falten. Also im Gesicht nicht. Sonst kann man sich schon entfalten. So von innen. Mit seinen Freundinnen zusammen, am besten ohne Geizhälse und Polygamisten. Und wenn man das tut, werden aus Falten Fältchen. Lachfältchen nämlich. Weil man lacht. Sehr, sehr viel lacht. Über den ganzen Scheiß, den man als Frau im Laufe eines Weiberlebens so ausprobiert.

Vagiblues

Du glaubst es nicht!«, rief meine Agentin Karla durchs Telefon und blies heftig Zigarettenrauch in den Hörer. Sie musste am anderen Ende der Leitung eine weiße Rauchsäule erzeugt haben, als hätte sie persönlich den neuen Papst gefunden. Aber es war kein »Habemus Papam«, sondern eher ein »Habemus-bald-viel-Asche«: »Ich habe eine Anfrage für einen fetten Werbedeal für dich!«

Ich hielt den Atem an. Einen fetten Werbedeal? Mir zitterten vor Aufregung die Hände, und ich musste mich hinsetzen: »Meine Güte, Karla, das ist ja wunderbar! Wie lange haben wir auf so was gewartet? Endlich erkennt mal jemand, dass ich auch als Werbegesicht durchaus Qualitäten habe. Von wegen alt! Da hast du's!« Ich lachte hell auf und fragte dann: »Komm schon – über wie viel reden wir? Raus mit der Sprache! Lass mich nicht so zappeln!«

Ich hatte keinen blassen Schimmer, wie viel man für eine ganze Kampagne so bekäme, und wusste nur, dass es mehr war, als ich sonst mit der Schauspielerei verdiente. »Durch Werbedeals werden Schauspieler reich, nicht durch Filme«, hatte Karla mir immer eingehämmert, »darauf müssen wir hinarbeiten!« Und offensichtlich hatte sie darauf hingearbeitet, denn hier war er, der Deal. Und zu einer hervorragenden Zeit. Besser konnte es gar nicht laufen, das Geld von meinem Pilcher-Ritt würde ja nicht ewig reichen.

Karla antwortete: »Halbe Mio!«

Ich stand auf der Leitung: »Habe Mio? Welchen Mio? Wer ist Mio?«

Sie stöhnte: »Mimi! Nicht HABE Mio. HALBE Mio. L. Halbe.«

Ich verstand noch immer Bahnhof: »Hä? Ich kapier nicht, was du meinst.«

Sie stöhnte noch lauter, und ich konnte förmlich hören, wie sie ihre Augen verdrehte. Sie sagte ganz langsam, als wäre ich ein bisschen zurückgeblieben: »Fünfhundert... tausend... Eurooooo. Hat es jetzt geklingelt?«

Und ob es klingelte! In meinen Ohren läutete es so laut, als wären darin die Glocken des Petersdoms. Hatte ich richtig gehört? Fünfhunderttausend Euro? FÜNF HUN-DERT TAUSEND? Ich bekam einen gewaltigen Stotteranfall: »A-A-Also, also d-d-das sollten wir ... das sollten wir doch in jedem Fall ... also machen. Oder? Ich glaube, das ist ... also das ist echt ... super. Uff. Fünfhunderttausend Euro. Ist ja jetzt nicht wenig, oder?«

Karla antwortete auf mein Gestotter: »Tja, das bist du denen eben wert, Mimi. Die wollen dich, und zwar nur dich. Direkte Anfrage, nichts, was eine andere Kollegin abgelehnt hat. Keine zweite Wahl. Du bist deren Number One.«

»Ich bin die Number One«, klang es in meinem Kopf nach. Oh Mann, fantastisch! Wie süß von denen. Endlich mal das große Los gezogen! Privat wartete ich darauf vergeblich. Bei dem alten Regenwurm aus Rimini war ich weder die Number One, noch gab's Geld, nicht mal eine Taxifahrt hatte der Geizhals springen lassen. Geschäftlich war auch nichts in Sicht gekommen. Mein letztes Engagement war die böse Stiefmutter gewesen, und das auch nur, weil die Rolle meiner Kollegin nicht anspruchsvoll genug gewesen war. Diesmal war ich also endlich die Number One: Man wollte mich, und ich bekam noch Geld obendrauf. Ich war happy. »Was ist es denn? Für was soll ich Werbung machen?«, fragte ich neugierig.

»Für eine Creme«, antwortete Karla geschäftig. »›Vagiblue‹ heißt sie.«

»Ach, klasse, was für ein toller Name! Finde ich super. Was Neues, oder?«, tat ich informiert. »Creme ist ja jetzt voll ›in‹. Vor allem Serum!« Ich machte auf Dr. Allwissend, obwohl ich von Cremes genauso wenig Ahnung hatte wie von Seren.

»Und? Wollen wir uns dann zeitnah mit dem Geschäftsführer der Firma treffen?«, schlug Karla vor, die den Deal anscheinend so schnell wie möglich eintüten wollte.

»Mit dem Geschäftsführer von L'Oréal? Wow! Klar, gerne, jederzeit«, sagte ich, meinerseits ebenfalls aufs Tempo drückend. »Schlag einfach was vor!«

»Nee, nicht L'Oréal. Gibt ja auch noch andere Firmen, Mimi. Ist 'ne Schweizer Firma, hochklassige Produkte, gute Marktplatzierung in Deutschland. Und Kohle haben sie offensichtlich auch.«

Dann eben nicht L'Oréal. Das war mir völlig schnuppe: »Ooooch, auch gut!«, rief ich fröhlich in den Hörer. »Oil of Olaz ist ja auch was für reife Haut. Hab ich ja noch nicht!

Karla räusperte sich kurz und klärte mich auf: »Oil of Olaz gehört nicht zu L'Oréal, Mimi. Und ich mache uns jetzt einen Termin.«

Der Geschäftsführer hatte uns zu sich nach Zürich eingeladen, und die Verabredung hatte Karla schon für den nächsten Abend getroffen. »Das ging ja ratzfatz«, dachte ich mir, aber so war das wohl, wenn man die Nummer eins und nicht die Nummer zwei oder drei oder vier war.

Ich wollte Stella die frohe Botschaft sofort überbringen. Sie hatte mir ja prophezeit, dass ich jede Rolle in jedem Fernsehfilm und Werbespot der Welt bekäme. Ich wollte ihr erzählen, dass ich das noch locker ohne ihr blödes Serum schaffte. Weil ich aber für das Treffen unbedingt top aussehen wollte – jugendlich und mit praller Haut –, klatschte ich mir eine zentimeterdicke Ladung Nivea-Creme ins Gesicht und rief Stella in ihrer Kanzlei an: »… und jetzt stell dir mal vor, die zahlen mir 500 000 Euro! Und ich bin deren absolute NUMBER ONE!«

Stella, typisch Juristin, hakte unbeeindruckt nach: »Und wie lange läuft der Deal?«

Danach hatte ich ganz zu fragen vergessen, aber es war mir auch wurscht. Von mir aus könnten sie mein Gesicht für dieses und die nächsten drei Leben haben. Für eine halbe Mio würde ich denen sogar noch meine Seele obendrauf packen. Und ich schämte mich nicht mal dafür.

Ich sagte: »Stella, ich habe endlich mal richtig Knete auf dem Konto. Ist mir doch egal, wie lange ich dafür die Werbung mache.«

Stella korrigierte mich: »Erstens: Du hast das Geld noch nicht auf deinem Konto. Und zweitens musst du deiner Agentin dreißig Prozent davon abgeben, und drittens: geht ein guter Batzen ans Finanzamt. Ich würde an deiner Stelle ein bisschen mehr Eckdaten in Erfahrung bringen, bevor du deinen süßen Hintern nach Zürich schwingst.«

Ich wollte mir meinen schönen Deal nicht verderben lassen: »Mann, Stella, musst du immer alles kaputtreden? Ist doch scheiße! Selbst wenn da am Ende ›nur‹ hunderttausend rauskommen, ist das für mich sauviel. Sausausauviel.«

»Ist ja gut. Ich lasse es ja schon ... Wie heißt denn die Creme?«

Ich freute mich, dass sie anfing, etwas mehr Interesse zu zeigen.

»Wagiblö ... oder so ähnlich«, antwortete ich.

Stella fing laut an zu lachen. »Vagiblue, sagst du? VAGIBLUE?« Sie bekam sich gar nicht mehr ein.

Ich wurde sauer: »Kannst du mich bitte mal darüber aufklären, warum du hier jetzt so doof rumlachen musst? Es ist eben ein neues Produkt mit einem ausgefallenen Namen!«

Stella japste nach Luft: »Schätzchen, das ist kein neues Produkt! Das ist eine Creme gegen Scheidentrockenheit. Das bekommt man verschrieben, wenn man in die Wechseljahre kommt und die Mumu nicht mehr bei jeder Gelegenheit den Freischwimmer machen möchte.«

Ich fasste es nicht. »Ähm, Stella, nee, ich glaube nicht, dass das so was ist. Echt nicht, das klingt vielleicht ähnlich. Aber das ist definitiv eine Gesichtscreme.«

»VAGI für Vagina und BLUE für traurig, traurige Vagina«, Stella schüttelte sich am anderen Ende der Leitung vor Lachen. »Passt doch auch ganz gut zu deiner, oder? Super Werbedeal, finde ich. Mach das unbedingt!«

Ich legte einfach auf. Mein Herz schlug mir bis zum Hals, und ich rief sofort Karla an. »Karla, sag mal, was ist das denn für eine Creme?«

»Haut«, antwortete Karla knapp.

»Ja, ist schon klar, aber wo ist denn diese Haut? Eher im oberen Bereich des Körpers oder eher im unteren?

»Eher im unteren.«
Ich schwieg. Das konnte doch jetzt wirklich nicht sein. Mein schöner Werbedeal. Meine schöne Creme. Das schöne Haus, das ich von den vielen Kröten schon angezahlt hatte, die schönen Reisen mit meiner Tochter, die ich davon schon im Geiste gebucht hatte. Alles futsch? Ich wollte es nicht wahrhaben.
»Wie tief im unteren Bereich, Karla?«
Karla wurde es offensichtlich zu blöd, sie unterbrach mein »Wo-befindet-sich-die-Haut«-Ratespiel und sagte: »Es ist für die Vagina-Haut. Haut ist Haut. Oder nicht?«
»Aber meine Freundin Stella kennt die Creme, und die ist für Frauen in den Wechseljahren, die untenrum nicht mehr f...«
Karla beendete meinen Satz, so schnell sie konnte: »Das ist alles Auslegungssache. Manche Frauen benutzen die auch einfach so.«
»Aber nicht im Gesicht, oder?«, vergewisserte ich mich.

Sie gab es auf. Stattdessen stöhnte sie: »Hör mal, Mimi, du bist ständig pleite. Du möchtest keine Rollen spielen, in denen du älter gemacht wirst, als du bist. Und das, obwohl du das entsprechende Alter hättest. Gut, akzeptiere ich. Du möchtest auch nicht mehr die böse Stiefmutter spielen. Okay, akzeptiere ich auch. Glaubst du, so 'ne RTL-Hauptrolle in 'ner brandneuen Serie, in der die Rolle nur für dich geschrieben wurde, fällt vom Himmel, oder was? Nein, fällt sie nicht! Und du bist in einem Alter, wo das erst recht nicht mehr passiert. Jetzt stehst du vor dem Deal deines Lebens und fragst mich allen Ernstes, wo die Haut ist? Du sollst das Zeug einfach in die Kamera halten und musst dafür keinen Porno drehen!«

Und als ich zum Antworten Luft holte, legte Karla noch eins drauf: »Du bist deren Number One! Und jetzt sag mir mal, wie oft das in deinem Leben schon vorgekommen ist?«

Das saß. Sie hatte recht. Das mit der Number One war das schlagende Argument. Ich wollte sehr gerne einmal die Nummer eins für jemanden sein. Und wenn es für eine Scheidenbefeuchtungscreme war. Und schließlich war das auch ein ernst zu nehmendes Problem mit der Feuchtigkeit.
Luftfeuchtigkeit zum Beispiel. Luftfeuchtigkeit war ja auch wichtig. Und da machte man nicht so ein großes Ding draus. Ich wäre sozusagen die Jeanne d'Arc der Unfeuchten. Die Vorreiterin der Frauen, die gerne wollten, aber nicht konnten. Und das, obwohl Reiten offensichtlich nicht zu meinen Premiumfähigkeiten gehörte.

Am nächsten Abend reiste ich also mit Karla nach Zürich.
Das Restaurant, in das der Scheidenchef uns eingeladen hatte, war teuer und angesichts Züricher Verhältnisse noch teurer als teuer. Wir saßen unter einem echten Miró, und die Gläser waren aus schwerem Kristall. Gott sei Dank sah er gediegen aus und hatte keinen Schnauzbart und keine Goldkette, so wie ich befürchtet hatte.
Ich war froh, dass ich mich richtig in Schale geworfen und eines meiner schweineteuren Manolo-Schuhpaare angezogen hatte. Es schien hier wirklich um ein hochwertiges Produkt zu gehen, sonst hätten sie ja nicht ganz gezielt mich angefragt, oder? Ich versuchte, mich selbst zu beruhigen …

Wir plauderten eine Weile über dies und das, und der gewiefte Unternehmer fragte mich dann irgendwann, ob ich denn eine solche Creme selbst schon mal benutzt hätte und wüsste, um was für ein Produkt es sich handele.

Bevor Karla etwas sagen konnte, platzte es schon aus mir heraus. Ich explodierte förmlich: »Um Gottes willen, nein! Aber ich bin ja auch noch weiiiiiiit entfernt von den Wechseljahren. Ich bin ja noch so jung! Ich kenne die Probleme nur vom Hörensagen. Ich bin ein richtiges Feuchtbiotop. Der Regenwald ist gegen mich die reinste Sahara!«

Karlas Ellbogen landete in meiner Seite, und sie lachte gekünstelt: »Haha, so witzig, unsere liebe Mimi. Immer einen Scherz auf den Lippen.«

»Aber nicht auf meinen *Scham*lippen«, konstatierte ich. Die Stimme in meinem Kopf hatte sich gerade ein Megafon geholt und feuerte mich an: »MIMI! MIMI! MIMI!« Ganz offensichtlich war sie dagegen, dass ich mein Gesicht hergab für eine Creme, die man weiter unten benutzte.

»Also, unter uns Betschwestern«, ich beugte mich flüsternd zum Firmenchef hinüber, »ich würde das Zeug niemals benutzen. Scheidentrockenheit!? Wie das überhaupt klingt! Ich finde ja das Wort ›Scheide‹ schon ausgesprochen hässlich. Jäk! Aber für Sie und Ihre Werbekampagne würde ich natürlich eine Ausnahme machen.« Ich tätschelte ihm über die Manschettenknöpfe und seinen teuren Sakkoärmel: »Schließlich bin ich ja Ihre Number One! Aber, verstehen Sie, mir wäre Gesichtscreme lieber. Haben Sie denn keine Cremes fürs Gesicht in Ihrem Repertoire? Und am liebsten nichts mit Anti-Aging.«

Karla fiel die Gabel aus der Hand, und der Scheidenchef tupfte sich wie in Zeitlupe die Mundwinkel mit der Stoffserviette ab. Beide schauten mich stumm an.

Sie sagten nichts mehr.

Ich plapperte: »Lustig, wie oft ich in meinem Leben schon so stumm angeschaut wurde.«

Karla kniff den Mund zusammen, und irgendwie beschlich mich das dumpfe Gefühl, dass ich vielleicht nicht das gesagt hatte, was ich hätte sagen sollen. Es wäre wohl besser gewesen, überhaupt nichts zu sagen und Karla sprechen zu lassen. Aber der Firmeninhaber hatte schließlich mir die Frage gestellt. Außerdem hatte ich mir nach meinen kleinen Ausflügen auf dem englischen Gaul und in die Sportwelt geschworen, ein für alle Mal mit dem Schwindeln aufzuhören.

Naja, das Abendessen war dann schneller beendet als geplant. Ich sei vielleicht doch noch zu jung, um das geeignete Gesicht für ihr Unternehmen zu sein, sagte der Scheidenchef knapp zum Abschied. Ich bedankte mich überschwänglich und drückte ihn so fest an mich, dass ich ihn sogar ein bisschen in die Luft hob. »Sie sind zu jung«, hatte er gesagt. Mein Herz hüpfte vor Freude. Ich war eindeutig zu jung!

Karla verabschiedete sich ebenfalls zügig von mir. Sie verzichtete dankend auf die Umarmung, sie wollte nur ein Telefonat. »Montag müssen wir über die Gestaltung unserer weiteren Zusammenarbeit sprechen«, sagte sie, während ich ihr noch freundlich in ihren Trenchcoat helfen wollte. Sie riss mir den Ärmel aus der Hand und stapfte mit wehendem Mantel in die Nacht.

Ich zog meine Manolos aus und lief barfuß durch Zürich, den Koffer hinter mir herziehend, auf der Suche nach meinem Hotel. Ab an die Hotelbar, dachte ich.

Ohne »Mio« und wahrscheinlich künftig auch ohne Karla. Aber in Würde. Denn so »blue« war meine Vagina eben doch noch nicht, dass ich sie für 500 000 Euro verkaufen musste. Und während ich so lief, dachte ich, dass der Mensch, der sich den Namen VAGIBLUE ausgedacht hatte, wahrscheinlich genau die Folge »Sex and the City« angeschaut hatte, die auch meine vierjährige Tochter damals gesehen hatte, bevor sie meine Mutter fragte, ob deren Vagina auch Depressionen habe ...

Oktoberfest im Aufzug

Angekommen im Züricher Niederdorf, konnte ich mein Hotel nicht finden. Blöderweise hatte ich vergessen, mir den Namen aufzuschreiben, wusste aber immerhin noch, welche Straße. Karla anzurufen, war erst mal keine Option. Wahrscheinlich wäre es nach dem heutigen Abend auch nie mehr eine Option.

Die Altstadt Zürichs war knallvoll mit jungen Menschen, die vor den Lokalen lässig beisammenstanden, mit Getränken in der Hand die laue Sommernacht genossen und allesamt aussahen, als hätten sie noch nie in ihrem behüteten Schweizer Leben ein einziges Sörgli gehabt. Ich dagegen hätte davon ab Montag ganz schön viele, musste ich denken, während ich, den Koffer schleppend, eine Gruppe nach dem richtigen Weg fragte. Karla würde mit mir Schluss machen, so sauer wie sie war wegen meiner Mumu-Verweigerung. Und keine Agentin bedeutete: keine Jobs ...

Mein Bankkonto, das ich ihm Geiste schon mit sehr vielen bunten Geldscheinen aufgefüllt hatte, rutschte mit einem Schlag wieder ins Minus.

»Jetzt ist mir wirklich nach einem Drink an der Hotelbar«, dachte ich und hatte das Hotel endlich gefunden. Über dem Eingang prangte der Name »Platzhirsch«. Ich musste lachen: Dass der Scheidenchef mich ausgerechnet in ein Hotel dieses Namens einquartiert hatte, passte zu dem Manschettenknopfträger.

Ich ließ mir an der Rezeption den Zimmerschlüssel geben und fuhr mit dem Lift in den dritten Stock. Im Aufzug betrachtete ich mein Spiegelbild: Naja, immerhin war ich echt noch nie besser gestylt gewesen als heute Abend. Tipptopp geschminkt, den grauen Haaransatz frisch übertönt, die Manolos in der Handtasche und die Spanx um Hüften und Po.

Ich fand mich zur Abwechslung richtig heiß, und meine Stimmung hellte sich auf. Wenn man nichts mehr zu verlieren hatte, dann konnte man auch einmal so richtig die Sau rauslassen. »Ist der Ruf erst ruiniert, lebt's sich gänzlich ungeniert«, hieß es doch …

Ich bezog mein Zimmer, legte eine Ladung roten Lippenstift und Parfum nach, wusch mir die Füße, zog meine Manolos wieder an und stakste unternehmungslustig runter an die Bar.

Die Bar hieß wie das Hotel »Platzhirsch« – und der Name war Programm. Erfreulicherweise war der Laden tatsächlich übersät mit Platzhirschen in der Brunft. Das Publikum war eine Mischung aus Geschäftsmännern mit angegrauten Schläfen und aufstrebenden Jungunternehmern. Ich war mir sicher, hier könnte ich im Handumdrehen den Scheidenchef, Karla und meine verlorenen 500 000 Euro vergessen.

Ich quetschte mich auf den einzig freien Platz an der Theke und bestellte mir einen Gin Tonic. In einem Affentempo stürzte ich ihn runter und bestellte gleich noch einen hinterher.

Meine innere Stimme ermahnte mich: »Mimi, ich möchte dich darauf hinweisen, dass du NULL Alkohol verträgst und heute nicht in der Verfassung für Gin Tonic bist. Das letzte Mal hattest du einen Filmriss und hast danach drei Tage im Strahl gekotzt!«

»Ich trinke, wann ICH will«, erwiderte ich laut, und als ich mich umdrehte, prostete mein Barnachbar mir zu: »Ich auch! Ich trinke auch, wann ich will! Und ich will jetzt!«

»Dann sind wir ja schon zwei«, lachte ich. Er sah gut aus. Dunkelblond, ein bisschen braun gebrannt, und er hatte auffallend schöne Hände.

Ich stellte mich vor: »Ich bin Mimi. Mimi Fiedler. Und wie heißt du?«

Er stellte sein Glas ab und reichte mir die Hand: »Angenehm, Mimi. Ich bin Jürgen. Jürgen Hühnerklein.«

Ich verschluckte mich und lachte laut. »Du heißt *Hühnerklein?* Verarschst du mich jetzt? Oder bist du ein berühmter Schweizer Comedian, und das ist dein Künstlername?«

Jürgen fand die Reaktion auf seinen Namen anscheinend nur mittellustig, denn er lachte nicht. Er lächelte nicht einmal. »Hühnerklein ist mein richtiger Name, kein Künstlername. Ich bin auch kein Schweizer Comedian, sondern Pilot bei der Deutschen Lufthansa.«

»Ui, Jürgen Hühnerklein ist witzig!«, kicherte ich, und weil ich schon leicht einen sitzen hatte, fügte ich albern hinzu:

»Und, Jürgen? Haste auch 'ne Henne?« Ich versuchte, mein Lachen zu unterdrücken.

Jürgen starrte in sein Glas und hatte sich von meinem Lachanfall wegen seines Namens offensichtlich noch nicht ganz erholt.

Leicht pikiert antwortete er: »Hatte ich, ja. Aber ich bin seit gestern von ihr geschieden.«

»Ui«, entgegnete ich wieder. »Uiuiui. Frisch geschieden! Das schreit nach mehr Gin Tonic!«

»Für mich nicht mehr – ich muss morgen fliegen!«, sagte Jürgen standhaft.

Ich bestellte mir noch einen. Die Stimme in meinem Kopf unternahm einen letzten Versuch. »Lass es sein! Und sag später ja nicht, ich hätte dich nicht gewarnt!«, kam es dumpf aus der hintersten Ecke meines Verstandkastens.

Alle Mahnungen ignorierend, plapperte ich munter drauflos: »Ach, Mann, Jürgen, mach dir nix draus! Ich habe es auch nicht leicht. Ich habe heute ganze 500 000 Euro sausen lassen. Puff! Einfach so! Ich habe meine Scheide nicht hergeben wollen, weißt du?«

Er schaute von seinem Glas hoch: »Deine *Scheide*? Bist du ein Escort?«

»Ach herrje, nein«, antwortete ich. »Welcher Vollidiot würde für so altes Wellfleisch wie mich denn 500 000 Euro zahlen?«

»Naja, es gibt genug Männer, die auf alles Mögliche stehen«, überlegte Jürgen.

Seine Antwort machte mich irgendwie sauer: »Du findest also auch, dass ich alt und wellig aussehe, ja?«

Jürgen schaute mich leicht irritiert an und sagte: »Das habe ich nicht gesagt. Ich habe nur gesagt, dass es reiche Männer gibt, die sehr viel Geld für alles mögliche Kuriose ausgeben.«

»Aha«, antwortete ich, »und woher weißt du das?«

»Ich sagte ja bereits: Ich bin Pilot«, erklärte er knapp. »Da lernt man schon so einiges kennen. Und je reicher die Kerle sind, desto toller sind sie.«

»Wie meinst du das, toller?«, hakte ich nach.

Die Konversation nahm einen interessanten Lauf, und mit jedem Schluck Gin fand ich mehr Gefallen am Hühnerklein.

»Ja, liebestoller. Es gibt so richtig kranke Typen. Einmal habe ich so einen alten Sack in seinem Privatjet von Frankfurt nach Jerusalem geflogen. Stell dir vor, der wollte vier Liliputanerinnen an Bord!«

»Wow«, ich klatschte aufgeregt in die Hände, »Erzähl! Was hat er denn mit denen gemacht?«

»Na, was wird der wohl gemacht haben? Hm?«

»Ha! Ich weiß es!«, schrie ich quer durch den »Platzhirsch« und riss meine Arme nach oben, als hätte ich gerade den Grand Slam gewonnen.

»Er hat mit ihnen ›Die Reise nach Jerusalem‹ gespielt, der alte Sack. Mit Anfassen!«

»Ich bestell uns jetzt doch noch 'nen Gin Tonic. Ich lass mich schließlich nicht alle Tage scheiden«, lachte Jürgen. »Du bist 'n ziemlich verrücktes Huhn!«

Ich beugte mich ganz nah zu ihm: »Dann passen wir ja hervoooorragend zusammen! Du mit deiner Scheidung und ich mit meiner Scheide!« Ich hatte ein wenig Mühe mit meiner Balance und nuschelte in sein Ohr: »Ich bin das verrückte Huhn, und du, Jürgen, du bist das Hühnerklein!«

Jürgen kippte kommentarlos seinen Drink runter.

»Jürgilein – also rate jetzt mal, was ich beruflich mache?« Offensichtlich schaute er keine Pilcher-Schnulzen.

Er musterte mich: »Ein Escort biste also nicht, Mimi ... Fiedler, trotzdem hast du heute mit deiner Scheide 500 000 Euro versenkt. Vielleicht stellst du deine Genitalien ja für viel Geld der Forschung zur Verfügung?«

Ich lachte: »Treffer, Jürgi! Du gefällst mir! Genau das mache ich nämlich. Ich bin der Prototyp Frau, den alle erforschen wollen. Ha!«

In meinem Kopf begann es sich ganz ordentlich zu drehen. Ich fand, wir hätten genug geredet. Übermütig vom Alkohol bot ich an: »Wenn du möchtest, könnte ich dir genau heute eine gratis Forschungsstunde schenken. Heute ist dein Tag, Jürgen!«

Ich war sicher, jetzt würde er vor Freude abheben, der süße Pilot, aufspringen, in die Luft gehen und mit mir im Bett landen. Und siehe da, er sprang tatsächlich auf: »Ich muss pinkeln!« Sprach's und verschwand Richtung Toiletten.

Ich war baff. Weg war er. Das Hühnerklein war davongeflattert. »Ich muss mal kurz pinkeln?«, echote es in meinem benebelten Hirn. »Ich will mit ihm den Orbit durchbrechen, und der verpieselt sich?!« So eine Abfuhr hatte ich mir noch nie eingefangen. War das eine angemessene Reaktion? Was war los mit den Männern von heute? Nun war ich schon mal ungeniert auf einen Mann zugegangen und hatte alle Signale abgefeuert, um dem Piloten die Startbahn freizugeben.

Ich drehte mich zu der jungen Frau, die neben mir am Tresen stand: »Lauter Betrüger hier, Süße, pass bloß auf! Bin gerade so 'nem Möchtegernpiloten aufgesessen. Ich war schon startklar und wollte ihn in mein Cockpit lassen, aber der hat gar keine Lizenz, der Affe. Und jetzt versteckt er sich auf dem Klo. Nicht zu fassen! Und für so einen Anfänger hätte ich um ein Haar meine Mumu hergegeben, für umme. Verstehst du?«, lallte ich sie voll.

Ganz offensichtlich verstand die junge Frau nicht. Sie sah durch mich hindurch, schnappte sich ihre Gläser und verschwand schnell in Richtung Innenraum.

Mit einem Mal hatte ich ihn doch, den Vagiblues. »Jetzt hat das arme Ding wirklich Depressionen«, dachte ich voller Selbstmitleid. »Alles Karlas Schuld! Meine arme, arme Mumu. Jetzt sind wir beide blue, und niemand will uns. Nicht sie und nicht mich. Na dann, gute Nacht, Frau Fiedler«, sagte ich zu mir selbst und versuchte mich vom Barhocker zu lösen. Leider war ich nicht mehr in stabilster Verfassung und hatte außerdem vergessen, dass ich Manolos an den Füßen hatte und nicht mehr barfuß war. Ich strauchelte und kippte vornüber. Just in dem Moment spürte ich von hinten eine rettende Hand. Jürgen war wieder im Anflug.

»Wo willst du denn hin?«, fragte er mich.

»Ähm, also, du hast doch eben gesagt, dass du keine Forschungsstunde willst. Hast du doch gesagt! Und deswegen gehe ich jetzt auf mein Zimmer.«

»Also, wenn ich mich recht erinnere, habe ich gesagt: Ich muss mal kurz pinkeln«, antwortete Jürgen.

Ich war voll auf Krawall gebürstet: »Geee-nau. Ich muss mal kurz pinkeln. Echt jetzt, Jürgen? Ich kriege absolut jede Rolle in jedem Fernsehfilm und jedem Werbespot dieser Welt, kannst meine Agentin fragen. Bei mir stehen die Auftraggeber Schlange, da macht keiner eine Pinkelpause!«

Ich wollte mich ganz emanzipiert aus Jürgens Griff lösen und verlor dabei das Gleichgewicht. »Knack«, machte es, und ein Manolo war um einen Absatz kürzer.

Jürgen Hühnerklein erkannte den Ernst der Lage sofort und leitete fachmännisch meine Notrettung ein. Er stabilisierte mich mit dem Rücken an der Wand, zahlte die Gin Tonics und schleppte mich zum Aufzug wie ich vorhin den vollen Koffer durch die Altstadt. Nur dass jetzt ich der Koffer war. Und genauso voll …

Ich presste mich im Aufzug an die Spiegelwand und lallte: »Jürgen, sag mal ... hey, pssst ... nix sagen jetzt ... also könnten wir, also würdest du mich ... ich meine ... hey! Du weiiiißt schon!?!«

Der Aufzug machte plötzlich einen Ruck und mein Magen auch. Verzweifelt versuchte ich, das Schlimmste abzuwenden. Zu spät! Mein Mageninhalt entleerte sich in hohem Bogen in den Lift. Auf den Spiegel, auf den Boden und auf meinen verbliebenen heilen Manolo. Außerdem auf Jürgens Hemd. Und seine Hose. Und auf seine Schuhe.

Er starrte fassungslos an sich herunter. Ich hob mein Kleid, um dem armen Mann damit das Hemd abzuwischen. Jürgen wehrte meine Reinigungsversuche ab, mit aller Kraft bemüht, sich nicht auch noch zu übergeben. Im Aufzug stank es nämlich wie auf dem Oktoberfest. »Jürgen, Jürgen, bloß nicht würgen«, murmelte ich noch, und dann ging die Fahrstuhltür auf.

Der Abend nahm wohl genau hier sein jähes Ende, denn ich fand mich am nächsten Morgen allein wieder, quer über meinem Bett liegend, noch komplett angezogen, aber schon wieder barfuß. Für teures Schuhwerk schien ich nicht geschaffen ... Immerhin war ich wohl noch in der Lage gewesen, mir den Wecker zu stellen, sodass ich wenigstens nicht noch meinen Rückflug verpasste.

Als ich ins Bad kroch, meldete sich die Stimme in meinem Kopf zurück: »Was habe ich dir gesagt, du dummes, dummes Ding! FINGER WEG VOM GIN TONIC! Das haben wir nun davon.«

Aus dem Spiegel sah mir ein Gesicht entgegen, das wirkte, als wäre es der »Adams Family« entsprungen – da half auch keine Niveamaske. Aber das war nicht das Schlimmste. »So kann das alles nicht weitergehen, Mimi.«

Ich setzte mich auf den Toilettendeckel und fing bitterlich an zu heulen.

Dann duschte ich sehr lange und sehr heiß und betete: »Es muss eine Lösung her. Bitte, lieber Gott, schick mir eine Lösung.«

Ich schaffte den Flieger nur mit Mühe und Not. Mir tat jeder Knochen weh, und der Kopf zerplatzte mir fast.

Aber der liebe Gott wäre nicht der liebe Gott, wenn er sich trotz meines körperlichen Super-GAUs nicht auch noch einen klitzekleinen Scherz mit mir erlaubt hätte. Gerade als ich mich unter Stöhnen angeschnallt hatte, die Sonnenbrille fest auf der Nase und einen fetten Kater im Gepäck, ertönte es aus den Lautsprechern:

»Meine Damen und Herren. Im Namen von Kapitän Jürgen Hühnerklein und der Besatzung möchten wir Sie noch einmal recht herzlich auf dem Flug LH 1183 nach Frankfurt begrüßen. Wir möchten Sie nun mit den Sicherheitsvorkehrungen an Bord vertraut machen.«

Ich riss vor Schreck die Augen auf, drückte mich ganz, ganz tief in den Sitz und flüsterte: »Lustig. Sehr, sehr lustig.«

Und so geschah es, Ironie des Schicksals, dass mich der Pilot Jürgen Hühnerklein, den ich noch vor ein paar Stunden im Aufzug vollgekotzt hatte, frisch geduscht zurück nach Hause brachte. Ich stöpselte meine Kopfhörer ein und beschloss, mich abzulenken. »Dreams are my reality« kam aus meinem Telefon. Ausgerechnet dieser Song! Ich musste schon wieder losheulen. Das Lied schickte mich auf eine Zeitreise: Plötzlich war ich wieder die Mini-Mimi und fühlte mit jeder Pore, wie es damals war, ein vierzehnjähriger Teenager zu sein. Mit all der Unsicherheit, der Hochfrisur und den Glitzerwangen, den Selbstzweifeln, den Abweisungen und den gelben Converse. Mein vierzehnjähriges Ich wäre jetzt gar nicht stolz auf mich. Und gelogen hatte ich auch schon wieder. Ich schwor mir, dass sich von jetzt an alles verändern sollte.

Ich bin schön

Als ich nach Hause kam, niedergeschlagen und verweint, lag auf dem Küchentisch eine Schachtel Toffifee. Darauf ein Zettel von meiner Tochter und meiner Mutter: Die beiden waren in einen Vergnügungspark gefahren. Ich war alles andere als vergnügt, es ging mir noch immer hundeelend.

Unter der Nachricht stand: »Von Oma und mir: Wir haben Dich sehr lieb, beste Mama und beste Tochter der Welt!« Und auf dem »i« von »lieb« thronte ein dickes, rotes Herzchen. Das gab mir den letzten Rest. Ich fühlte mich ganz und gar nicht wie die beste Mutter und die beste Tochter der Welt. Ich fühlte mich wie der einzige große Loser zwischen lauter Gewinnern. Egal was ich tat, egal wen ich traf, und egal wann ich den Mund aufmachte, alles ging schief.

Ich war zweiundvierzig Jahre alt, und alle meine Versuche, meinen Mr Big kennenzulernen, hatten in einem Desaster geendet. Doch anstatt zur Vernunft zu kommen, auf mich zu achten und mich zur Abwechslung mal in Yogastudios rumzutreiben, grüne Smoothies zu trinken und mir schöne Gedanken zu machen, trank ich zu viele Gin Tonics, hatte miese Gedanken und erbrach mich über unschuldige Piloten.

Ich mochte weder mich noch mein Leben, wie es gerade war. Ich fragte mich, wann es mir entglitten war und wie zum Teufel das hatte geschehen können. Das lag doch unmöglich nur an meinem schlechten Karma? Hätte ich doch nur besser auf mich aufgepasst ... Dann wäre das alles nicht passiert. Was sollte ich denn jetzt nur machen?

Ich setzte mich auf den Küchenboden und fing so bitterlich an zu weinen, dass mir irgendwann Rotzblasen aus der Nase kamen. Ich heulte und heulte und heulte. Die Kanäle waren so sperrangelweit offen, als wollten sie sich nie mehr schließen.

Irgendwann, mitten im größten Schluchzen, öffnete ich die Augen und erblickte eine Hand, die mir ein Tempotaschentuch entgegenhielt.

»Hier«, sagte eine mir sehr vertraute Stimme. Mein Mini-Me war wieder da. Sie sah immer noch aus wie in New York, so unschuldig, so süß und mit viel zu viel Glitzer auf den Wangen.

»Warum weinst du denn so?«, wollte sie wissen. »Hast du Ärger mit Mama?«

Ich schüttelte den Kopf.

»Also, wenn du mit Papa Ärger hast, ist es doch nicht schlimm, der hat das in 'ner halben Stunde eh wieder vergessen.«

Ich schüttelte wieder den Kopf und jaulte so laut auf, dass die kleine Mimi sich ganz nah an mich drückte und fragte: »Soll ich wen verkloppen für dich? Ich mach das. Echt! Ich hab letzte Woche nach der Geschi-Arbeit den Markus aus der 9b riiiichtig doll verhauen, weil er wieder so gemein zu Anne war. Die hat voll geweint!«

Ich war immer noch nicht in der Lage, etwas zu sagen, also plapperte sie einfach weiter: »Ich wollte nur die Anne beschützen, und trotzdem hab ich Ärger bekommen. Auch von der Mama. Ich musste nämlich nachsitzen. Aber das war mir voll egal! Markus hat dann nämlich aufgehört damit!«

Ich beruhigte mich langsam und musste grinsen, denn ich erinnerte mich genau.
Anne war ein schlaksiges Mädchen mit blasser Haut und sehr vielen Sommersprossen. Sie war mindestens zwei Köpfe größer als die anderen und machte deswegen ständig einen Buckel, weil sie sich dafür schämte. Die anderen liefen immer hinter ihr her und riefen »Anne, die Tanne! Anne, die Tanne!«, aber ich machte dabei nie mit. Ich wusste ja, wie es war, anders auszusehen als die anderen und deswegen gehänselt zu werden.
»Das hast du gut gemacht, Mimi, dass du die Anne verteidigt hast«, schniefte ich, »auch wenn du natürlich weißt, dass man niemanden verkloppen darf«, betonte ich ihr gegenüber, ganz die vernünftige Erwachsene. Aber ich dachte bei mir: »Ich hätte den Arsch aus Rimini auch verdreschen sollen, anstatt ihm meine Mumu und meine kostbare Zeit zu geben. Und alle anderen auch!«, und schnäuzte mich.
Die kleine Mimi sagte: »Wer hat dich denn so geärgert, dass du so doll weinen musst?«
»Das Leben«, murmelte ich, »das Leben.«
»Was ist denn mit deinem Leben?«, fragte meine Mimi, die offensichtlich immer noch nicht so richtig geschnallt hatte, dass *mein* Leben auch *ihr* Leben war.
»Ach, das dauert jetzt echt zu lange, um es zu erklären«, sagte ich. Besser, sie wüsste so wenig Details aus ihrer Zukunft wie möglich. Wie sollte ich ihr auch erklären, dass mein Leben in einer Sackgasse angelangt war. Eigentlich wollte ich mich selbst entfalten. Ich wünschte mir doch

nichts sehnlicher! Nur leider hatte ich einfach nicht die geringste Ahnung, wie ich das anstellen sollte. Ich fühlte mich wie ein eingeschnürter Schmetterling, der nicht wusste, wie er sich entpuppen sollte.

Wir saßen da und schwiegen. Sie schaute sich um. »Wohnst du hier?«

»Ja, ich wohne hier«, antwortete ich, »mit meiner Tochter. Sie ist genauso alt wie du.« Mein Mini-Me bekam große Augen, und ich fragte: »Willst du sie mal sehen?«

»Ist sie hiiiier?«

»Nein, sie ist nicht hier, sie ist mit deiner – und meiner – Mama Achterbahn fahren.«

»Meine Mama kennt deine Tochter?« Die kleine Mimi kam aus dem Staunen gar nicht mehr raus.

»Ja, seitdem sie auf der Welt ist. Sie kennt uns alle drei, seit wir auf der Welt sind, verrückt, oder?!« Wir gingen ins Wohnzimmer, und ich zeigte ihr Fotos meiner Tochter: auf dem Dreirad, bei der Einschulung, beim Eisessen. Und eines, auf dem wir beide drauf waren, so, wie wir heute aussahen.

»Woooow«, sagte die kleine Mimi. »Sie ist wunderhübsch!«

Ich lächelte und streichelte über das Foto: »Ja, das ist sie, oder?«

Mini-Mimi überlegte. »Sie erinnert mich an jemanden, ich weiß nur nicht, an wen ...«

Aber ich wusste, an wen meine Tochter sie erinnerte. Weil man es mir schon tausendmal gesagt hatte.

»Komm mal mit!«, rief ich und zog sie vor den Flurspiegel. »Schau ganz genau hin, Mimi! Siehst du es?«

Wir starrten beide in den Spiegel. Ihre Wangen glitzerten, und ich hatte immer noch rote Flecken vom Heulen im Gesicht.

»Sie sieht ja aus ... sie sieht aus ... wie ... ich?«
Ich lächelte. »Ja. Sie sieht aus wie du. Wunderwunderhübsch!«

Und da fiel es mir plötzlich wie Schuppen von den Augen.
Ich war blind gegen mich. Ich hatte irgendwann aufgehört, mich so zu sehen, wie ich war. Ich sah in mir nur den unattraktiven, unfähigen Loser. Ich hatte mein Vertrauen in mich selbst in meiner Teenagerzeit verloren, weil mir irgendwann mal ein paar doofe Menschen doofe Gefühle gegeben hatten. Ich flog aus dem Paradies der Unschuld raus wie Adam und Eva: Ab da fand ich mich weniger hübsch als die anderen, weniger dünn, weniger sportlich, weniger talentiert, weniger besonders ... weniger von allem eben. Und jetzt wurde mir mit zweiundvierzig bewusst, dass ich dieses Vertrauen nie mehr so richtig zurückgewinnen würde.

Sonst wären mir die Dellen und Wellen und sonstigen Zipperlein so scheißegal wie meiner Mutter. Ich hätte keinem öligen Typen jemals erlaubt, mich »Pummel-Mimi« zu nennen. Ich hätte ihm, ganz unerwachsen, richtig fest eine gescheuert und ihn sofort verlassen. Dass ich das und noch so vieles andere nicht getan hatte, hatte mir mein Leben von heute beschert.

Ich stellte mir die Frage, ob ich weiterhin so mit mir umspringen lassen wollte. Die Antwort war: Nein, wollte ich nicht!

»Findest du, ich bin wirklich so hübsch wie deine Tochter?«, fragte mich mein Mini-Me und riss mich aus meinen Gedanken.

Ich beugte mich zu ihr und sah ihr fest in die Augen: »Du bist wunderhübsch! Und du bist nicht nur hübsch, du bist auch klug und mutig, und du bist eine richtig gute Freundin. Und egal, was in deinem Leben passiert, du kannst immer stolz darauf sein, wer du bist! Weil du etwas Besonderes bist.«

Die kleine Mimi nickte wieder, und ich sah, dass die Informationen langsam zu ihr durchsickerten.

»Ich denke nur manchmal, dass ich einfach nicht ... dass ich halt nichts Besonderes bin ...«, sagte sie leise.

Ich unterbrach sie. »Du bist was Besonderes. Und wenn dir jemand in Zukunft ein doofes Gefühl gibt, dann drehst du dich einfach um und gehst sofort weg. Okay? Egal, wer das ist!«

»Auch wenn es Mama und Papa sind?«, hakte mein Mini-Me nach.

Ich lachte. »Nein, Mama und Papa zählen nicht. Die machen alles aus Liebe, und deshalb sind das in Wahrheit keine doofen Gefühle. Aber das verstehst du später von ganz allein ...

Ich nahm sie an der Hand, ging mit ihr in mein Arbeitszimmer und zog aus einem Stapel Zeitschriften eine französische *Vogue* hervor. Auf dem Cover war eine nicht mehr ganz so junge, aber immer noch bildschöne Frau abgelichtet. Ich reichte der kleinen Mimi das Heft. »Weißt du, wer das ist? Das ist Anne. *Die* Anne, die du immer verteidigt hast. Sie ist ein richtig berühmtes Topmodel geworden.«

Ich grinste. Damit hatte ich sie endgültig aus den Socken gehauen. Sie war baff und brachte kein Wort mehr raus.

»Siehst du, kleine Mimi, wie das Leben läuft? Jean-Baptiste hat dich wegen deiner Haare geärgert und eine Glatze bekommen. Und Anne hat mit ihrem Aussehen Karriere gemacht. Und wir beide machen es ab heute wie unsere Mutter!«

Mein Mini-Me lachte und wusste sofort, was ich meinte: »Dem Spiegel morgens ›Ich liebe dich‹ sagen?«

Ich lachte auch. »Genau! Wir beiden lieben uns ab jetzt, okay? So, wie wir sind!« Ich reichte ihr meine Hand und sagte: »Hand drauf. Versprochen ist versprochen und wird nicht gebrochen!«

Wir schüttelten uns unsere Hände und strahlten beide übers ganze Gesicht. Ich hörte noch, wie der Schlüssel sich im Türschloss drehte, bevor mein Mini-Me wieder zurück in sein eigenes Leben verschwand.

Noch in der Tür rief meine Tochter ausgelassen: »Mami, bist du zurück?«

Und ich flüsterte: »Ich bin so was von zurück!«, und lief ihr entgegen.

Das blaue Wunder

Ich lag auf dem Rücken, mein Blick war zur Decke gerichtet. Meine Arme lagen flach auf dem Boden, und ich fühlte mich ganz leicht und frei. In Gedanken sagte ich meine Kopfübung: »Meine Stirn ist angenehm kühl und klar. Mein Kopf ist gelöst und frei.« Ich war in einem schwerelosen Zustand, wie ich ihn seit Monaten nicht mehr gekannt hatte.

Ich hatte heute meine allerletzte Coachingstunde in der Praxis von Frau Adelgunde Schmutz, um mein Muster für immer zu verabschieden. Die Dame hieß wirklich so: »Wer Schmutz mit Nachnamen heißt, kann nur Putzfrau oder Seelenklempner werden«, hatte sie lachend bei unserer ersten Begegnung gemeint, »und fürs Putzen bin ich nicht geschaffen.«

»Mein Schönheitsdoc heißt Nektarios mit Nachnamen«, hatte ich ihr dann erzählt, »der hatte die Wahl zwischen Obstverkäufer und Schönheitschirurg. Und als Obstverkäufer hätte er sicher nicht so viele Frauen glücklich gemacht.«

Sie hatte daraufhin nur mit dem Kopf geschüttelt: »Wahre Schönheit kommt doch aber von innen, liebe Frau Fiedler, das wissen sie doch sicher, oder? Genauso wie das Glücklichsein. Ich hoffe, ich mache Sie wirklich wieder glücklich. Mir geht es nämlich ausschließlich darum.« Mit den vielen bunten Federn in ihrem langen grauen Haar sah sie aus wie eine Mischung aus gealterter Hippiebraut und moderner Hexe. Sie war zwar schrullig und roch nach Patchouli, doch sie war ein super Coach.

Frau Schmutz saß mir wie immer auf ihrem Baum-des-Lebens-Sitzkissen gegenüber. Sie beobachtete mich aufmerksam. »Ihre Beine sind mattenbreit geöffnet, und Ihre Fußkanten fallen sanft nach außen.« Sie machte die Übung vor, und dabei klingelte ihre Glöckchenfußkette. »Schließen Sie die Augen und lassen Sie die Gedanken fließen.«

Ihre beruhigende Stimme setzte sofort mein Gedankenkarussell in Gang: Die letzten Wochen waren wie ein Schwarm Vögel an mir vorbeigezogen. Während Stella mit Brian an der Côte d'Azur entlangsegelte und Nina ihren Sommer mit ihrem Ehemann in Los Angeles verbrachte, war ich auf Balkonien geblieben und auf dem besten Weg, mit mir ins Reine zu kommen.

Wie erwartet hatte Karla nach unserem Treffen mit dem Schweizer Scheidenchef mit mir Schluss gemacht, und weit und breit war kein neues Engagement in Sicht. Aber im Grunde war ich froh über diese Zwangspause. Auch mit meinem Vermieter hatte sich die Lage entspannt. Er nannte mich zwar weiterhin munter »Fräulein Fiedler«, hatte aber wenigstens die Bauvorhaben »bis aus Weiteres« verschoben. Zumindest kam ich so mit dem Geld auf meinem Konto über den Sommer, ohne dass ich mich in die Zweige hängen musste.

»Wenden Sie Ihre Aufmerksamkeit nun langsam vom Körper ab. Gehen Sie nur noch ins Fühlen«, unterbrach mein Coach meinen Gedankenfluss. Ich spürte seit ein paar Wochen, dass ich innerlich etwas überwunden hatte, das mich so viele Jahre auf der Bremse hatte stehen lassen. Frau Schmutz atmete jetzt laut eiiiiin und auuuus. »Wir üben jetzt, noch mehr Energie aus dem Kosmos zu schöpfen, als wir das in den letzten Wochen schon gelernt haben.«

Die Begegnung mit meinem Mini-Me war wie eine Erleuchtung gewesen und hatte mich den ganzen Sommer über beflügelt. Ich wollte gar nicht analysieren, was genau es in mir ausgelöst hatte, sondern genoss meine neugewonnene Unbeschwertheit in vollen Zügen. »Besser so«, dachte ich, »nicht, dass ich wieder ins Grübeln komme!«

Mein Coach sagte sanft: »Wecken Sie sich ganz langsam mit kleinen Bewegungen wieder auf. Strecken Sie sich, Frau Fiedler, wiederholen Sie in Gedanken ein paarmal ›Ich bin frisch und entspannt und habe neue Energie‹. Jetzt öffnen Sie die Augen wieder und setzen sich zu mir rüber!«

Ich tat wie gewünscht und erblickte ein neues, riesiges Ölgemälde, das Frau Schmutz jetzt neben ihren Buddhabildern, Yin-und-Yang-Zeichen und Postern von chinesischer Medizin aufgehängt hatte. Darauf war sie selbst splitterfasernackt und im Schneidersitz abgebildet. Auf ihrem blanken Körper prangten die sieben Chakren und leuchteten wie Ampellichter.

Ich hockte mich unter die nackige Frau Schmutz auf ein oranges Sitzkissen, und sie zündete eine Kerze in Lotusblütenform an. Dann setzte auch sie sich wieder, faltete ihre Hände in dem Schoss ihres weiten Batikgewandes und sagte: »Unbequeme Kleidung zwängt Bauch und Zwerchfell ein. Wir atmen dann immer flacher. Stress und Anspannung schnüren uns die Luft ab, das ist nicht gut!«

Es war ein heißer Sommertag, und auch ich trug ein luftiges Kleid. Es gehörte eigentlich meiner Mutter, doch sie hatte es mir für meinen Urlaub auf Balkonien geschenkt. Es war bodenlang und knallblau und leuchtete wie eines der Chakren auf Frau Schmutz' blankem Körper.

»Übrigens sehen Sie heute toll aus, Frau Fiedler, das Kleid steht Ihnen ausgesprochen gut!«, lobte sie mich.

»Och, danke! Zur Abwechslung ist mal nur das Kleid blau und nicht ich«, witzelte ich.

Sie schwieg, atmete hörbar und fixierte mich. Und als sie damit nicht aufhörte, wurde ich irgendwann etwas nervös und fragte: »Ist was? Also ich meine, Sie schauen so … so … ähm … Sie schauen so … Frau Schmutz?«

Ich schob mein Kissen tiefer unter den Po. Ich überlegte, ob sie vielleicht high wäre. Vielleicht hatte sie magische Pilze im Taunus gesammelt und diese vor unserer Stunde gegessen? Und jetzt setzte die Wirkung ein, und sie sah mich in 4-D? Zuzutrauen war es ihr …

Frau Schmutz blies einen langen, lauten Ausatmer aus der Nase und sagte: »Frau Fiedler, Sie tragen Blau, weil sich ihr drittes Auge geöffnet hat.«

»Mein was?«, fragte ich, »mein drittes Auge?«

Sie deutete sich mit ihrem Zeigefinger zwischen die Augen und sagte: »Hier, hier sitzt es. Und es ist geöffnet. Wie wunderbar!«

»Ja?!«, fragte ich. Ich wusste nicht, was ich darauf sagen sollte.

»Fassen Sie sich mit dem Zeigefinger mal dort hin!«

Ich befühlte meine Stirn und spürte plötzlich eine merkwürdige Hitze unter meinem Finger. »Es ist richtig warm da … Aber was bedeutet das? Habe ich Fieber, weil ich mein Muster durchbrochen habe, oder drehe ich jetzt völlig durch?«

So ein drittes Auge, und das auch noch geöffnet, das konnte ich jetzt echt nicht gebrauchen. Ich war gerade so schön erleuchtet und wollte keine neuen Probleme. »Eigentlich möchte ich lieber keine neuen Öffnungen, Frau Schmutz!«

Sie lächelte, streckte ihren Rücken in eine noch geradere Position und sagte: »Die Farbe des Stirnchakras ist Blau. Sie haben Ihre Blockaden überwunden, liebe Frau Fiedler, Ihnen werden nun nur noch Wissen, Weisheit und Erkenntnis begegnen. Sie dürfen sich ab sofort auf Ihre Intuition verlassen, Sie sind kosmisch und seelisch wiederhergestellt. Freuen Sie sich auf Ihr Wunder!«

Ich war baff. Das klang wie »Sesam, öffne dich« aus »Tausendundeine Nacht« und nicht wie die erwartete abschließende Diagnose eines monatelangen Coachings. Das war also alles? Ich sollte mich auf mein Wunder freuen?

Frau Schmutz drückte mir beim Abschied noch ein pinkes Fläschchen in die Hand, das sie »Aura Soma« nannte, und umarmte mich.

»Reiben Sie sich damit ab und zu ein, ja? Es unterstützt Sie wundervoll auf Ihrer Reise hin zur Entfaltung Ihres höchsten Potenzials. Ich werde Ihre kleinen Geschichten sehr vermissen, Frau Fiedler, und vergessen Sie nicht, mich zu Ihrer Hochzeit einzuladen!«, zwinkerte sie mir zu.

Ich drückte sie auch noch mal ganz fest und sagte: »Danke für alles! Sie waren der beste Coach, den ich mir hätte wünschen können!« Und bevor ich über die Treppen nach unten verschwand, rief ich noch mal hoch: »Frau Schmutz? Selbstverständlich kommen Sie zu meiner Hochzeit! Und wissen Sie was? Ich heirate wie im Märchen in einem richtigen Schloss!«

»Das weiß ich längst«, trällerte sie, winkte mir herzlich hinterher, und ihre Haarfedern wippten dabei.

Zu Hause angekommen, malte die Abendsonne wunderschönes Licht in mein Wohnzimmer. Ich fühlte mich glücklich und war voller Inspiration. Ich öffnete weit die Fenster, um die milde Abendluft hereinzulassen, setzte mich an meinen Schreibtisch und holte mein Tagebuch hervor. Beflügelt, wie ich war, glitt mir der Stift leicht über die Seiten. Ich schrieb gerade » … dann hat Frau Schmutz gesagt, ich soll mich auf mein Wunder freuen. Ich hoffe, ich erkenne es.«

Eine leichte Brise wehte durch die Räume und ließ die Gardinen tanzen. Plötzlich saß eine riesige Libelle mir gegenüber auf dem Tisch. Ich staunte sie an. Der Wind musste sie hereingetragen haben.

Ich hielt den Atem an. Was für ein prachtvolles Geschöpf …

Sie war in schönstes Blau gefärbt und hatte unfassbar zarte Flügel, etwas so Bezauberndes hatte ich noch nie zuvor gesehen.

»Oh mein Gott«, dachte ich, »ist das etwa jetzt schon mein Wunder?«

Die grazile Libelle machte keine Anstalten, sich zu bewegen, und thronte ganz und gar königlich auf meinem Schreibtisch.

Vorsichtig drehte ich mich zu ihr um, kam ihr ein Stück näher und sagte: »Bist du … bist du mein Wunder?«

Sie spreizte ihre Flügel, so als wollte sie wieder abheben. Dann senkte sie sie wieder und blieb vor mir sitzen. Ich bekam Gänsehaut am ganzen Körper. »Heißt das ›Ja‹? Also, wenn das ›Ja‹ heißt, kannst du das mit den Flügeln einfach noch mal wiederholen?«

Die Libelle hob und senkte die Flügel und sagte »Ja«.

Mein Herz klopfte ganz laut, und ich rührte mich keinen Zentimeter. Ich wollte mein Wunder ja nicht vertreiben. »Wir machen es so, Libelle. Wenn du ›Ja‹ meinst, bewegst du die Flügel. Und bei ›Nein‹ machst du einfach gar nichts, ja?«
Sie sagte »Ja«, und ich quietschte leise: »Oh mein Gooohooott. Es funktioniert, es funktioniert.«

Während vor meiner Wohnung in der Altstadt langsam die Sonne unterging und Frau Schmutz in ihrer Praxis die Kerzen ausblies, unterhielt ich mich mit meinem Wunder. Beim Anblick dieser Schönheit war jedes doofe Gefühl, das ich je in meinem Leben hatte, wie ausgelöscht. Unsere Begegnung war nur eine Momentaufnahme, flüchtig wie ihr Flügelschlag. Aber ich spürte, dass von diesem Zauberwesen eine positive und starke Energie ausging, die Einfluss auf jede meiner künftigen Entscheidungen hätte. Sie war eine Art liebevolle Unterstützung, damit ich den richtigen Weg fände. Vielleicht war es das, was Frau Schmutz mit dem dritten Auge gemeint hatte, denn alles schien nun einen Sinn zu ergeben.

Plötzlich erinnerte ich mich an ein Kinderbuch, aus dem ich meiner Tochter oft vorgelesen hatte, als sie noch klein war. Ich kramte es aus dem Regal hervor und schlug es auf. Überall auf den Buchseiten flatterten liebevoll gezeichnete Libellen umher, und auch meine blaue entdeckte ich: eine blaue Große Königslibelle. Das Buch hieß »Dragonfly«, wie das englische Wort für Libelle, weil die Insekten in der Geschichte als kleine fliegende Drachen betrachtet wurden, auf denen Feen und Elfen ritten. Diese kleinen Zauberwesen hatten aber selbst auch die Gabe, Libellengestalt anzunehmen, um so den Menschen näherzukommen. Auf diese Weise war es ihnen möglich, magische Botschaften zu überbringen und denen Hoffnung und Liebe zu schenken, die es ganz dringend brauchten. So dringend wie ich …

Und da war sie nun, die kleine Fee. In meinem Wohnzimmer, wo ich schon so oft heulend auf dem Boden gehockt und die Welt nicht mehr verstanden hatte.

Ich war völlig beseelt von der Magie des Moments. Ich hatte nur noch eine letzte Frage an meine Libelle: »Treffe ich denn bald meine große Liebe? Meinen Mr Big?«

Mein kleines Wunder erhob sich in die Luft, schwebte eine Weile vor meinen Augen, machte eine große Kapriole, so als wollte es mich und meine Zukunft beklatschen und flog dann auf und davon durch das Wohnzimmerfenster zurück in seine Welt.

Ich blieb noch eine ganze Weile still sitzen und versuchte, diesen einzigartigen Augenblick tief in mich einzuatmen. So, wie ich es bei Frau Schmutz gelernt hatte.

»Danke, Libelle, für deinen Beistand!«, flüsterte ich, als wäre mein kleines Wunder noch da. Ich schloss die Augen und lächelte. Mir war, als würde jemand neben mir stehen und meine Hand berühren.

»Mr Big? Bist du es?«, fragte ich, und der Wind wehte mir ein letztes Mal die Botschaft der Libelle durchs Fenster.

»Ja, ich bin es«, hörte ich eine Stimme in meinem Kopf. Eine Stimme, die ich noch nie zuvor gehört hatte. »Ever thine. Ever mine. Ever ours …«

»Ewig dein. Ewig mein. Ewig unser …«, lächelte ich und wusste: Er war ganz nah.

Mit dem Dritten sieht man besser

Der Sommer neigte sich seinem Ende zu, Stella und Nina waren auch wieder im Lande, und wir trafen uns bei unserem Lieblingsitaliener zum Mittagessen.

»Du siehst super aus, Mimi«, lächelte Stella, »wir hatten schon Sorge, dass du auf Balkonien in Depressionen verfällst.«

Nina rührte in ihrem Cappuccino und sagte: »Stella wollte dich schon einfliegen lassen.«

»Aha, und ich wäre dann zwischen dir und Brian in der Bettritze über das Mittelmeer gesegelt, oder was?«, fragte ich Stella, die sich gerade die Lippen nachzog. Sie steckte laut und bedeutungsschwanger den Deckel auf den Lippenstift und erklärte: »Brian ist passé.«

Nina und ich riefen gleichzeitig: »Wie bitte?! Warum?«

Stella lehnte sich zurück und meinte: »Ach, wisst ihr, Kinder, so ein junger Mann ist für 'ne Weile ganz amüsant. Und wenn man anderweitig genug Ablenkung hat, fällt einem der Altersunterschied auch nicht so auf. Aber auf einem Segeltörn geht einem irgendwann der Gesprächsstoff aus. Er ist nicht die hellste Kerze auf der Torte, wenn ihr versteht, was ich meine.« Stella machte nicht den Eindruck, als wäre sie über ihre Trennung besonders traurig.

»Und wie geht's dir jetzt?«, erkundigte sich Nina und streichelte ihr mitfühlend über den Arm.

Stella grinste: »Mir? Gut! Ihm nicht ganz so gut. Er hat Liebeskummer.«

»Armer Brian ...«, sagte ich und meinte es ehrlich. Ich wusste ja, wie sich Liebeskummer anfühlt, und das wünschte ich wirklich keinem.

»Und wie war dein Sommer, Schätzchen?«, wollte Stella gut gelaunt von mir wissen und hatte das Thema »Brian« ganz offensichtlich schon von ihrer Tagesordnung gestrichen.

Ich atmete tief ein und lehnte mich zurück. Irgendwie wollte ich meinen Sommer, mein Balkonien, meine Frau Schmutz und meine Libelle noch für mich behalten. Ich hatte das Gefühl, dass vielleicht der Zauber verloren ginge, wenn ich davon erzählte. Also sagte ich nur knapp: »Erholsam.«

Nina neigte den Kopf zur Seite und meinte: »Du siehst wirklich sehr erholt aus. So jung irgendwie! Warst du noch mal bei ... Wie heißt euer Doc doch gleich, Stella?«

»Nektarios«, antwortete Stella an einer Olive kauend, und Nina hakte nach: »Warst du bei ihm? Falls ja, mach mir auch einen Termin: Ich will auch, was Mimi hatte!«

Ich dachte an Frau Schmutz' Worte aus unserer ersten Stunde, nämlich dass ich keinen Schönheitsdoc mehr bräuchte, wenn wir fertig wären mit unserem Coaching. Und dass dieser olle Spruch mit der Schönheit, die von innen kam, einfach stimmte. »Nein, ich war nicht noch mal da«, lächelte ich, »ich glaube, ich bin einfach zufrieden mit allem, so wie es gerade ist. Vielleicht sehe ich deswegen so erholt aus.«

Stella rief nach dem Kellner und bestellte drei Gläser Champagner.

»Für mich bitte keinen«, lehnte ich ab.

Stella und Nina schauten erst sich an, dann mich, und Nina flüsterte: »Ich wusste doch, dass etwas im Busch ist! Bist du etwa schwanger?«

»Schwanger? Von wem denn bitte? Vom Heiligen Geist?«, lachte ich. »Nein, ich bin nicht schwanger. Ich möchte einfach nur keinen Champagner trinken.«

Nina ließ nicht locker: »Kann ich dich umstimmen, wenn ich dir sage, dass mein Rumgenerve bei unserem Senderchef endlich Früchte getragen hat? Sie wollen dich in einer ihrer Entertainmentsendungen als Gast neben Verona Pooth ausprobieren.«

Stella klatschte begeistert in die Hände: »Wie viel Knete gibt's fürs Fräulein Fiedler?«

»Oh, okay, cool«, antwortete ich verdattert, »und was heißt das jetzt? Also, ich meine, was muss ich denn da machen, bei dieser Show?«

»Du musst einfach nur du sein«, klärte mich Nina auf, und Stella witzelte: »Also verpeilt. Und tollpatschig.«

Ich schaute Nina mit großen Augen an: »Echt jetzt?«

Nina schüttelte den Kopf und warf Stella einen strafenden Blick zu: »Quatsch, Mimi, du musst einfach nur natürlich sein. Es ist eine Spieleshow, und du bist im Rateteam mit Verona. Die ist supernett, und es wird dir Spaß machen. Außerdem gibt es 'ne Menge Knete.«

»Wann soll denn diese Show sein?«, fragte ich Nina.

»Morgen«, lautete die Antwort.

»Wie, morgen?« Ich war irritiert.

»Also, Mimi: Ursprünglich war Sylvie Meis zusammen mit Verona Pooth für die Sendung geplant. Aber Sylvie hat kurzfristig abgesagt. Ich habe das rein zufällig mitbekommen, bin ja beim Boulevardmagazin, und diese Show ist gar nicht meine Baustelle ... Jedenfalls ist es wohl wie verhext, sie finden einfach keinen adäquaten Ersatz ...«

»... und sind deswegen so verzweifelt, dass sie sogar mich in Erwägung ziehen«, vervollständigte ich Ninas Satz. Da war es also wieder, mein Cornwall-Trauma. Weil die Number One nicht konnte oder nicht wollte, musste halt die B-Ware ran. Die mit den Löchern.

Stella war amüsiert. »Das stelle ich mir sehr lustig vor, Verona und Mimi als Rate-Duo. Da weiß ich ja jetzt schon, welches Team gewinnt!«

»Was soll 'n das wieder heißen, hm?«, fragte ich leicht angesäuert. »Erstens *muss* Verona Pooth schlau sein, sonst wäre sie ganz sicher nicht so erfolgreich, und zweitens habe ich mal einen IQ-Test im Internet gemacht. Ergebnis: Ich habe den gleichen wie Sharon Stone, und die ist ziemlich schlau, nur dass du's weißt!«

Stella bekam einen Lachkrampf, aber Nina freute sich aufrichtig: »Das heißt, du springst ein?«

Trotzig schaute ich zu Stella und sagte: »Ganz genau. Ich springe ein!«

Nach dem Essen ging ich siegessicher nach Hause, zwar immer noch sauer auf Stellas doofe Reaktion, gleichzeitig aber froh über die unverhoffte Geldspritze. Dass ich – außer für Scheidencremes – nicht die erste Wahl war, war ja nichts Neues. Vielleicht war das ja mein Schicksal, und ich würde es nun in aller Würde annehmen. Dann würde ich eben einfach die beste zweite Wahl auf dem deutschen Fernsehmarkt. Das wäre doch auch eine super Karriere. Hauptsache, ich könnte meine Miete pünktlich zahlen und ab und zu mit meiner Tochter in den Urlaub fahren.

Am nächsten Tag reiste ich nach Köln und fuhr mit dem Taxi ins Fernsehstudio. In der Maske schminkte man mir ein hübsches Gesicht auf, und ich zog den Einteiler an, den ich im Gepäck hatte und der alle Problemzonen verdeckte. Als ich noch einen letzten Blick in den Spiegel warf, bevor ich mich zum Warm-up aufmachte, lächelte ich.

Ich sah nicht nur erstaunlich gut aus, der Einteiler war blau. Königsblau. Zu Hause hatte ich beim Aussuchen meines Outfits gar nicht auf die Farbe geachtet, mein drittes Auge anscheinend schon.

»Na, dann kann ja jetzt gar nichts mehr schiefgehen, Mimi Fiedler«, sprach ich in mein Spiegelbild, »und du wirst dich jetzt nicht blamieren, über keine Kabel fliegen, dich nicht von Verona Pooth einschüchtern lassen und alle Antworten wissen. Chakaaaa!«

Ich wählte Sneaker statt High Heels – sicher war sicher – und lief rüber in den Warm-up-Raum.

Verona war bezaubernd. Sie war genauso freundlich und lieb wie Sylvie damals und keine Spur eingebildet. Und auch sehr hübsch. So richtig hübsch. Ohne jegliche Macke und ausgestattet mit den längsten und glattesten Beinen, die ich seit meiner Begegnung mit ihrem blonden Pendant aus Holland gesehen hatte. Automatisch fühlte ich mich wieder wie das kroatische Aschenputtel aus der unterhessischen Bronx. Leise Panik beschlich mich. Was, wenn ich in meinem Bauarbeitereinteiler neben der strahlenden Verona keine einzige Antwort wüsste und nicht nur Nina blamierte, die sich so für mich eigesetzt hatte, sondern vor allem mich selbst?

Ich fing an zu schwitzen, und just in diesem Moment fiel mir auf, dass ich vor lauter Aufregung über meine erste

Rateshow-Teilnahme mein Deo vergessen hatte. Oh nein, oh nein, oh nein! Auch das noch!

Der Aufnahmeleiter tippte auf seine Armbanduhr, rief: »Auf geht's!« und wollte uns schon rüber ins Studio bringen. Ich sprang auf: »Ich komme gleich nach! Habe was ganz Wichtiges vergessen!« Ich hastete den Flur entlang in Richtung Maskenraum, wo meine Tasche stand.

Und bumm! Hatte ich jemanden voll über den Haufen gerannt.

»Wie peinlich. Na, das fängt ja super an«, ärgerte ich mich über mich selbst, »funktioniert ja toll mit dem Nichtblamieren!« Ich rappelte mich hoch und sah in ein grüngraues Augenpaar, das mich anlächelte.

»Sorry«, sagte ich »Tut mir leid! Ich bin etwas ungeschickt.«

Das grüngraue Augenpaar stellte sich vor: »Ich bin dein ... heutiger Chef sozusagen.«

Mein heutiger Chef? Ich war mit dem Senderchef zusammengestoßen? »Ach du grüne Neune! B-Ware rennt Senderchef um, so heißt meine neue Show«, versuchte ich einen mittelguten Witz. »Ich bin übrigens Mimi.« Ich streckte ihm die Hand hin.

Er antwortete: »Ich weiß. Aber ich bin nicht der Senderchef, ich bin der Produzent, und ich heiße ...«

Plötzlich klopfte mir jemand von hinten auf die Schulter. Es war der Aufnahmeleiter: »Ich unterbreche euch ja nur ungern, aber es geht los.«

Der Fernsehproduzent lächelte wieder: »Viel Spaß bei der Show, wir sehen uns sicher später noch mal.«

Ich hatte wirklich viel Spaß bei der Show. Auch ohne Deo und obwohl ich fast gar nichts erriet. Aber irgendwie war das alles völlig wurscht: Ich war einfach richtig gut drauf und feuerte einen schlechten Witz nach dem anderen ab. Dem Publikum gefiel es, alles lachte, und die Zeit verging in Windeseile. Die Studiolichter zauberten mir ein Glitzern ins Gesicht, und ich achtete gar nicht mehr darauf, ob ich nun ausreichend schön neben Verona Pooth war.

Beglückt von dem gelungenen Auftritt tänzelte ich zurück in meinen Maskenraum. Ich war stolz auf mich und flüsterte meinem Spiegelbild ein »Haste super gemacht!« entgegen.

Gerade als ich mir die Schminke mit einem Feuchttuch von den Augen genommen hatte, klopfte es an der Tür.

»Herein!«, rief ich, und der Produzent lugte ins Zimmer.

»Darf ich kurz?«, fragte er.

»Äh, klar«, entgegnete ich, verschmiert um die Augen wie der Joker aus »Batman«, »komm rein!«

»Das war sehr unterhaltsam, Mimi, wir laden dich gerne wieder ein, wenn du möchtest. Danke, dass du eingesprungen bist!«

»Aaaach«, winkte ich ab, »hab ich doch gerne gemacht. Ich helfe, wo ich kann.« Was für ein sympathischer Fernsehproduzent, und so gut angezogen. Meine Augen wanderten an seinem Outfit runter, und als sie wieder hochwanderten, blieb ich an der klitzekleinen Aufschrift auf seinem weißen T-Shirt hängen. Ich hielt die Luft an und starrte wortlos auf seine Brust.

»Ist alles in Ordnung?« Er ging zum Fenster, um frische Luft reinzulassen.

Ich nickte stumm und starrte ihn weiter unvermittelt an.

»Mimi? Ist wirklich alles in Ordnung?«

Ich schluckte, atmete wieder aus und deutete auf seine Brust.

»Äh ... also ... da steht ... da steht ... ›Dragonfly‹ auf deinem T-Shirt.«

Er schaute an sich herunter und sagte: »Ja, stimmt. Da steht Dragonfly. So heißt die Marke.«

Ich stotterte: »Dragonfly! Li...li... Libelle!?«

Er schien ein bisschen belustigt: »Also, wenn's dir so gut gefällt, schenke ich dir eins, ich hab's noch mal in Blau«, und fügte hinzu: »Blau ist meine Lieblingsfarbe.«

Mir fiel endgültig die Kinnlade runter.

»Möchtest du was trinken? Du siehst ein bissl blass aus um die Nase«, fand er, und ich antwortete: »Blau ...«

»Blau?« Er hob die Augenbrauen. »Du bist blau?«

Wahrscheinlich war das für ihn nichts Ungewöhnliches, dass Künstler nach der Show einen hoben. Ich aber war alles andere als blau, ich war glasklar im Kopf.

Mein drittes Auge pochte wie verrückt, und ich begann, mich hektisch zwischen den Augenbrauen zu kratzen. »Auweia! Jetzt juckt auch noch das offene Auge!«, jammerte ich.

Als ich mit der Kratzerei nicht aufhörte, wusste er sich nicht anders zu helfen, als nachzuschauen, was da los war zwischen meinen Augen. Er kam ganz nah an mich heran, um die »offene« Stelle besser untersuchen zu können. »Brauchst du vielleicht ein Pflaster?«, fragte er fürsorglich. Noch bevor ich es verneinen konnte, lag sein Finger schon mitten in meinem dritten Auge und verharrte da für einen merkwürdig langen Moment.

Als er den Finger wieder wegnahm, starrten wir einander an, als wären wir grenzdebil. Ich mit meinen verschmierten Joker-Augen sah tatsächlich auch so aus. Unwillkürlich trat er einen Schritt zurück und atmete einmal tief eiiiiiiin und

auuuuuuuus, als hätte auch er Coachingstunden bei Frau Schmutz gehabt. Dann sagte er nüchtern:
»Ich weiß, das klingt jetzt vielleicht ein bissl komisch, weil wir uns ja noch gar nicht kennen. Aber ich werde dich heiraten, Mimi Fiedler.«
Ich murmelte fassungslos: »Du ... du bist nicht der Erste, der das will.«
Und der Fernsehproduzent lächelte von einem Ohr zum anderen, seine Augen lächelten, sogar sein ganzer Körper schien zu strahlen, als er antwortete: »Aber der Letzte!«
Dann gab er mir die Hand und sagte: »Ich bin übrigens Otto. Dein zukünftiger Ehemann.«

Und just als er diesen Satz ausgesprochen hatte, lösten sich nacheinander die Buchstaben von seinem T-Shirt und verwandelten sich ganz allmählich in eine große, königsblaue und wunderschöne Libelle ...

P.S.

Und jedem Anfang wohnt ein Zauber inne

Ja, so ist das alles wirklich passiert. Da staunen Sie, gell? Manchmal, wenn ich so in den Spiegel schaue, kann ich gar nicht glauben, dass ich das bin. In meinem Kopf bin ich immer noch das junge Mädchen mit den Glitzerwangen. Wenn ich mein vierundvierzigjähriges Gesicht mit seinen Fältchen und Lebensspuren vor mir sehe, dann frage ich mich, wie die Zeit so schnell an mir vorbeirauschen konnte. Heute schüttele ich den Kopf darüber, wie oft ich in meinem Leben schon »Ich muss dringend eine Diät machen« gesagt und mich zu »dick« gefühlt habe. Dabei gab es Zeiten, da wog ich noch zehn Kilo weniger als heute. Stellen Sie sich das mal vor, was für ein Bild ich von mir hatte!

Ist es Ihnen in Ihrem Leben nicht auch oft so ergangen?

Wie oft habe ich mich gefragt, warum ich so unsicher bin, so unzufrieden, warum ich immer etwas an mir auszusetzen habe.

Dass mir mein straffes Bindegewebe abhandengekommen und leider nur noch eine schöne Erinnerung ist, darüber habe ich genug lamentiert ... Gesehnt habe ich mich bei all den körperlichen Zipperlein aber eigentlich gar nicht nach meiner vergangenen Jugend und einer glatteren Haut, sondern immer nur nach LIEBE. Zu mir selbst und zu einem anderen Menschen, dem ich in völliger Zugewandtheit begegnen darf.

Heute kann ich mich endlich wohlfühlen in mir selbst, dazu stehen, dass ich eben keine Sport-Marie im Fitnessstudio bin. Ich werde natürlich nicht um ein bisschen Bewegung drum herumkommen, das ist mir klar: Sie gehört nun einmal zu einem gesunden Lebensstil dazu. Genauso wie gute Ernährung, gute Gedanken und gute Gesellschaft. Und dass mir hier und da mein Schönheits-Doc dabei hilft, die Zeit zu verzögern, auch dazu darf ich stehen.

Denn mittlerweile habe ich begriffen, dass es um meine Lebensbalance geht. Meine ganz eigene. Und nicht darum, irgendeinem fremden Schönheitsideal nachzueifern.

Ich habe eine Weile gebraucht, um das alles zu kapieren. Heute kann ich Ihnen sagen: Ich bin gestolpert, gestrauchelt, und manchmal bin ich auch richtig doll auf den Hosenboden geknallt – aber ich habe mich jedes Mal wieder aufgerappelt und einen neuen Anlauf gewagt. Und genau darum geht es doch im Leben: sich weiterzuentwickeln. Wenn ich so darüber nachdenke, waren meine Zwanziger, wo die Welt einem ja quasi zu Füßen liegt, auch ganz schön anstrengend. Mit einer Menge Selbstzweifel im Gepäck und der Tatsache, nun ultimativ Entscheidungen für sein weiteres Leben treffen zu müssen. Ein straffes Bindegewebe hat mir da herzlich wenig geholfen …

Ich habe mich, seitdem ich meine Teenagerzeit verlassen habe, oft fehl am Platz und – vor allem – fehl in mir selbst gefühlt. Mich so richtig anzunehmen, wie ich bin, das habe ich erst in meinen Vierzigern gelernt.

Weil ich irgendwann geschnallt habe, dass meine Selbstannahme vor allem damit beginnt, auch mal »Nein« zu sagen. »Nein« zu Stiefmutterrollen und Scheidenbefeuchtungscremes und »Nein« zu Männern. Aber vor allem »Nein« zu Dingen, die ich nicht brauche, zu Situationen, die mir nicht guttun, und zu Menschen, die nur nehmen und nichts zurückgeben. Ich bin überzeugt, dass Energieraub auch faltig und mürrisch macht. Ist doch nicht verwunderlich, oder? Wenn man seine schöne Energie immer nur abgibt und seinen Körper und Geist nicht wieder auffüllt, dann verwelkt die Seele. Nicht umsonst heißt es: »Wahre Schönheit kommt von innen!«

Ein gelegentliches »Nein« für die innere Schönheit tut gut. Man wird deswegen nicht weniger gemocht oder geliebt. Im Gegenteil! Seine eigenen Grenzen zu beschützen ist ein normaler menschlicher Instinkt, den vor allem wir Frauen sehr oft aberzogen bekommen haben. Aber wenn man diesen Instinkt wieder zum Leben erweckt und sich darüber hinaus annimmt, so, wie man eben ist, geschehen plötzlich wahre Wunder. Sie werden schnell spüren, dass andere Menschen unbewusst einen Heidenrespekt vor Ihrer Haltung bekommen.

Üben Sie das doch einmal … Sie müssen ja nicht gleich eine Dreijährige »dumme Kuh« nennen oder unschuldige Piloten belästigen.

Bleiben Sie einfach im Herzen offen, wachsam und freundlich.

Wenn man in der Dekade mit der großen VIER ankommt, seine Lektionen gelernt hat und mit beiden Füßen auf der Erde steht (mein Köpfchen steckt natürlich immer noch ab und zu in den Wolken; das wird sich wahrscheinlich auch nie ändern ...), muss man sich auch nicht mehr ständig beweisen. Ein abgefahrenes, ungemein befreiendes Gefühl!

Auf meinem Weg zu dieser Haltung hat sich ein Herzenswunsch herauskristallisiert: Ich wollte mich entfalten, zu der Frau werden, die ich bin und sein möchte. Weg von dem Bild, das ich glaubte, erfüllen zu müssen, hin zu einem gesunden und zufriedenen Frauenzimmer. Ich habe mich gewöhnt an mich und möchte mich auch nicht mehr umtauschen. Mit all den Macken und Schrullen, Dellen und Wellen, mit und ohne Haar. Und das fühlt sich wirklich großartig an! Allerdings habe ich mich nur deswegen so entfalten können, weil ich mich ganz genau unter die Lupe genommen habe. Auf dem Weg zur Erkenntnis, zur Öffnung meines Herzens und meiner Seele, ist mir bewusst geworden, was für eine wundervolle und verrückte Familie ich habe und wie gesegnet ich bin mit den tollsten, lustigsten und vor allem loyalsten Freundinnen dieser Welt. Die mich alle lieben, so, wie ich bin. Und die ich zurückliebe, so, wie sie sind.

Natürlich habe ich immer noch reichlich Mängel und Fehler, die selbst nach der größten Erleuchtung nicht verschwinden würden. An denen muss – oder besser darf – man sein ganzes Leben arbeiten.

Ich liebe zum Beispiel Klatschzeitschriften und bin ein echtes Gossip-Girl. Das ist mein Nummer-eins-Mangel: Ich plappere für mein Leben gerne. Hätte mir jemand jedes Mal einen Cent für jedes meiner Wörter gegeben, wäre ich inzwischen wahrscheinlich so reich wie Bill Gates. Gerade wenn ich unsicher bin, kommt besonders viel aus meinem Mund heraus. Wie oft habe ich schon versucht, weniger zu erzählen. Wie viele Interviews habe ich der Yellow Press schon gegeben, bei denen ich aus dem Nähkästchen geplaudert habe. Und wie oft war ich schon konfrontiert mit diesem »Hat-sie-das-jetzt-wirklich-gesagt«-Moment. Wie viele Male habe ich schon verzweifelt versucht, mein Vorhaben durchzuziehen: »Ich werde ab sofort gut überlegen, was ich sage, und mindestens fünfzig Prozent weniger drauflosreden!« Immer ist es nach hinten losgegangen wie eine Arschrakete! Bumm! Meistens wurde es dann richtig peinlich, weil's erst recht völlig unreflektiert aus mir herausgebrochen ist. Das können Sie sich nach Lektüre dieses Buches sicher vorstellen ...

Inzwischen habe ich mir auch diese Charakterschwäche verziehen – sie gehört einfach zu mir. So wie mein olles Bindegewebe.

Aber meine Plappereien hatten auch immer etwas Gutes: Ich konnte meine Freundinnen unterhalten, meine Eltern zum Lachen bringen und ab und zu in einer Talkshow zu guter Stimmung beitragen. Irgendwie hat mich das sogar ein bisschen therapiert. Ich habe einfach selbst aus dem tiefsten Loch, in das ich gefallen bin, noch einen Witz gemacht.

Vielleicht ziehen Sie aus Ihren Missgeschicken ja auch das Unterhaltsame heraus: Denn wenn Sie genauer hinschauen, gibt es da sicher oft auch etwas zu lachen.

Das Universum stellt einem auf dem Weg bis zur Entfaltung ein paar absurde Aufgaben und hat sicher Spaß dabei. Was wäre das Leben denn ohne Schlenker? Einfach nur Pillepalle: Wir könnten uns gar nicht freuen, dass wir etwas geschafft, überwunden oder verstanden haben. Wenn wir unsere Herausforderungen annehmen, ist es nämlich gar nicht so schwer, sich zu entpuppen, zu schlüpfen und zu fliegen.

Sollten Sie gerade traurig oder verzweifelt sein, verstehe ich Sie nur allzu gut! Mir ist im Bereich der Absurditäten und Bruchlandungen kaum etwas fremd. Deswegen kann ich Ihnen hier und jetzt etwas mitgeben, woran Sie vielleicht denken, wenn Sie gerade nicht weiterwissen.

1. Seien Sie trotzig, und akzeptieren Sie nie etwas, was sich für Sie nicht gut anfühlt. Um keinen Preis. Selbst wenn der Rest der Welt etwas anderes sagt.

2. Packen Sie das Übel bei der Wurzel! Sie müssen dem Problem auf den Grund gehen. Buddeln und graben Sie. So lange, bis Sie begreifen, was Sie vorher nicht verstanden haben. Wie Sie das anstellen, ist völlig wurscht. Es gibt leider kein Patentrezept. Also lassen Sie sich auch keines aufquatschen!

3. Seien Sie lieb zu sich! Hat es heute nicht geklappt? Auch morgen geht die Sonne wieder auf. Versuchen Sie es einfach weiter. Nur nicht aufgeben!

4. Sich zu entfalten tut weh. Weil man eigene Grenzen überschreiten und aus seinem Kokon ausbrechen muss. Aber: Wenn Sie dann mal fliegen und manchmal sogar fast schwerelos durch Ihr Leben segeln können, werden Sie ganz genau wissen, wem Sie das zu verdanken haben. Genau: sich selbst.

Vielleicht entdecken Sie für sich auch irgendeine Fee, einen Geist, ihr Mini-Me – etwas, das in Ihrem Kopf lebt und bessere Gedanken erzeugen kann. Auch wenn es schwierig scheint: Wir können lernen und aus Fehlern klug werden. Wir sind in der Lage zu einem Handeln, das nicht nur Wenigen hilft oder bloß uns selbst. Es ist doch ein Trost, wie klein die Welt ist und wie schnell sich vieles verändert, wenn man sich nur bewegt.

Ich habe mich stets bewegt, manchmal auch vier Schritte zurück und lediglich einen halben vor, aber ich bin nicht stehen geblieben. Und dass mich die große Liebe in meinen Vierzigern noch mal trifft, das mag vielleicht wie ein Wunder klingen. Aber es ist vor allem der Logik meines Lebens geschuldet: Ich habe einfach nicht akzeptiert, dass es diese eine große und heilende Liebe in meinem Leben nicht geben soll. Ich habe weiter meine Kapriolen geschlagen, bin dabei hier und da im Sturzflug auf den Boden der Tatsachen geknallt und habe mir manchmal ordentlich wehgetan – aber ich habe nie aufgegeben, bin nicht bitter geworden. Ich habe einfach noch mal einen neuen Anlauf genommen.

Die Menschen, die mir kopfschüttelnd Träumerei und fehlenden Realitätssinn attestiert haben, habe ich jetzt endlich eines Besseren belehren können. Ich habe nämlich den Menschen getroffen, der mich annimmt und trotz aller Fehler, Löcher und Macken liebt. Vielleicht ja sogar gerade deswegen.

Aber das passiert einem nur, wenn man sich selbst *auch* liebt. Und das scheint unsere größte Aufgabe zu sein: Unschuldige und kindliche Selbstliebe. Kinder würden doch auch niemals ihre Eltern weniger lieben, nur weil sie kein Topmodel, nicht reich oder erfolgreich sind. Sie sind völlig blind für Äußerlichkeiten. Warum fällt uns das so schwer?

Deswegen leben mein Otto und ich jetzt einfach zu viert. Sein Mini-Me, mein Mini-Me und wir zwei Erwachsenen.

Sie wissen es ja vielleicht schon: Wir haben wirklich geheiratet. So, wie ich es meinem vierzehnjährigen Ich in New York versprochen habe: Auf einem Schloss. Und wenn Sie mögen, erzähle ich Ihnen ein andermal die vielen wundersamen Dinge, die mir auf dem Weg zu meiner Hochzeit widerfahren sind. Es war wirklich alles wie in einem Märchen! Eines kann ich Ihnen aber schon jetzt verraten: Unsere Hochzeitsgäste schicken uns, seitdem sie Zeuge unserer Liebe wurden, Fotos von ihren Begegnungen mit Libellen. Aus der ganzen Welt.

Es gibt diese Magie auch in Ihrem Herzen. Sie müssen sich nur erlauben, an Ihr Wunder zu glauben. Ich habe mein blaues Wunder erlebt: Die Libelle war meine gute Fee. Andere begegnen anderen Wundern, Göttern, Geistern, einem Fixpunkt im Universum, der ihnen aus der Not hilft. Ich glaube ganz fest daran, dass sich jedes einzelne Leben zum Guten wenden kann, wenn man beginnt, seinen eigenen Wert zu erkennen und zu verteidigen. Es geht um die eigene Entwicklung, das Sich-Entfalten. Helfen Sie dem Universum, Ihre Wünsche zu erfüllen. Auf Ihre Art. Sie müssen dafür einfach in Bewegung bleiben. Das ist die wundersame Formel. Hinfallen, aufstehen, Krone richten, weitergehen.

Sie werden geliebt. Und Sie haben einen wundervollen Körper geschenkt bekommen. Er gehört nur Ihnen und ist Ihr Tempel. Wissen Sie doch sicher schon längst. Seien Sie also nicht so streng zu sich! Betrachten Sie sich ganz und gar liebevoll.

Und verabreden Sie sich ab und zu mit Ihrem Mini-Me.

Es ist sicher stolz auf das, was aus Ihnen geworden ist, glauben Sie nicht auch?

Ich freue mich so sehr, dass Sie dieses Buch in den Händen halten, und vielleicht lächeln Sie jetzt genauso wie ich. Und ohne dass wir uns kennen, weiß ich, dass Sie ein wundervoller Mensch sind. Superokay, knallerokay. Richtig, richtig toll.
  Deshalb: Trauen Sie sich! Heben Sie ab! Fliegen Sie los! Wie meine schöne Königslibelle. Und falls Ihnen je eine begegnen sollte, freue ich mich sehr über eine kleine Nachricht. Ich habe die Libellen nämlich beauftragt, denen ein Wunder zu bringen, die dringend eines brauchen …
  Und die kleinen Magierinnen halten immer, was sie versprechen. Sie müssen nur daran glauben und ein bisschen Geduld mitbringen.

  Aber es funktioniert – da bin ich ganz sicher.

Dank

Meinen wunderbaren Zahnärzten Jürgen, Claus und Ines von der Praxis für ästhetische Zahnheilkunde danke ich, dass sie mir, während ich dieses Buch schrieb, die obstsalatgezuckerten Zähne aus meiner Kindheit zu einer strahlenden Zahnreihe gezaubert haben. Knaller! Ich bin dauernd am Lächeln.

Gerhard und Sonja Sattler, ihr Raketen! Ihr wisst ja, ich liebe euch innig. Nicht nur, weil ihr mein absolutes Vorbild seid, wie wundervoll und zugewandt man eine lange Ehe leben kann, sondern weil ihr mir keine Sofakissen-Landschaft ins Gesicht macht, sondern mich aussehen lasst, als wäre ich gerade vom Wellnessurlaub zurück. Außerdem bist du, Gerhard, der warmherzigste und klügste Schönheits-Doc ever. Aber ist ja auch kein Wunder, bei der Frau an deiner Seite …

Dani, meine Hairfree-Fee, keines meiner Haare ist mir je nachgewachsen, jeder Cent hat sich gelohnt. Beste Investition meines Lebens. Danke, dass du so geduldig mit mir warst, oder besser, mit meinen kleinen schwarzen Scheißerchen, wie du sie immer so schön genannt hast.

Harriet, du warst mein Rettungsboot, mein Ansporn, my brain. Die Kämpferin gegen die fiedlerische Prokrastination! Und du hast gegen sie gewonnen. Chakaaaa! Ich danke dir von Herzen. Vor allem für unsere unzähligen Telefonate, in denen wir uns scheckig gelacht haben, und für dein Salz in meiner Buchstabensuppe.

Ilka und Christiane, meine tollen Lektorinnen. Danke! Dafür, dass ihr mich habt machen lassen. Armer Luigi!

Und jetzt zu euch, meiner Herzensfamilie:
Ich danke meiner Mum Marija, meinem Dad Petar und meiner wunderschönen kleinen Schwester Marijana für ihren politisch völlig unkorrekten kroatischen Humor und ihre unbändige Liebe. Ohne euch wäre meine Welt nur halb so lustig. Ihr drei habt mir alles beigebracht, was ich wissen musste, um jede Krise und Katastrophe unbeschadet zu überstehen. Volim vas, do neba!

Ava und Ana, Lieben meines Lebens, meine Mädchen. Ich werde euch beschützen und behüten, bis ich diesen Planeten verlasse. So wie meine Eltern mich. Ihr seid zwei wundervolle junge Frauen, ich bin so stolz darauf, eure Mama und Beutemama sein zu dürfen. Za uvik, ljubav beskrajna.

Otto, mein wundervoller Ehemann. Deine Seele hat meine geheilt. Ich danke dir für alles, was du in so kurzer Zeit in meinem Leben bewegt hast. Ich habe alles hinter mir lassen können, was mir je wehgetan hat. Ich habe nach einem Prinzen gesucht und meinen König gefunden. King of my heart. Ich liebe dich.

Meine Stoner-Kinder Janina, Leon, Luis und Luna. Ihr seid meine fehlenden Puzzleteile, meine Gang. Ich danke dem lieben Gott, dass wir unser Leben miteinander teilen dürfen. Zusammen sind wir unschlagbar. Liebe! Für immer.

Ich danke meinen einzigartigen und großartigen Freundinnen, die ihre Frauenleben mit einem solchen Mut, einer solchen Entschlossenheit und einer solchen Liebe zum Leben leben. Komme, was wolle. Ihr seid meine Vorbilder, meine Kraftquellen, meine Inspiration. SISTERHOOD FOREVER.

Meinen besten Mädels aus der Boutique Famous Fashion in Kronberg danke ich für die unzähligen Male, die wir gelacht und manchmal geheult haben. Ich werde euch so vermissen.

Meiner Agentin und Freundin Celina, danke! Auf die nächsten zehn Jahre. Danke, dass du mich nie verbiegen wolltest. Danke für deinen Humor. Danke, dass es dich gibt.

Last but not least danke ich DIR, Universum. DANKE, my higher power, meine Kraft, meine unendliche Liebe. Ich habe verstanden, was du mir beibringen wolltest. Ich danke dir für mein wundervolles und verrücktes Leben. You're the BEST.

#unbezahltewerbung #einfachweildiealledeknallersind
www.zahnarzt-frankfurt-main.com
www.rosenparkklinik.de
www.aerzte-laserzentrum.de

5555555
91371985

ELENA UHLIG

DOCH, DAS PASST, ICH HAB'S AUSGEMESSEN!

*Eine Frau weiß,
wenn sie recht hat*

»… wenn Sie hier noch mal Probe liegen wollen …«

Frau Uhlig setzt auf regelmäßige Erneuerungen in den heimischen vier Wänden. Ob überdimensionales Familienmatratzenparadies oder ein antiker Allrounder-Schrank im Flur – eine Frau weiß, was passt und gut aussieht.
So ist jede Menge weibliche Raffinesse gefragt, um ihre Pläne in die Tat umzusetzen. Denn da gibt es ja auch noch den Fachverkäufer, die Möbelpacker, die Telekom und … ihren Mann.
Mit viel Witz und Selbstironie erzählt Elena Uhlig ihre skurrilsten Alltagserlebnisse, in denen sich jede Frau wiederfindet. Und rät allen, die sich neu einrichten wollen: Behalten Sie die Nerven! Frau Uhlig tut's auch.

»Wie lustig einrichten, umräumen und
umziehen sein kann, hat die Schauspielerin in
ihrem neuen Buch (…) aufgeschrieben.«
TZ München

NICOLE STAUDINGER

ICH NEHM SCHON ZU, WENN ANDERE ESSEN!

Wie ich trotz 7 Millionen Ausreden 30 Kilo verlor

»Leider habe ich keine Unverträglichkeiten. Und ich mag alles, Süßes wie Herzhaftes. Am liebsten im Wechsel. Warum es diesmal trotzdem klappte? Weil ich mir keine unrealistischen Ziele mehr setzte.«

Wohl kaum eine Frau hat es noch nicht getan: Diät gehalten. Wir alle kennen das lästige Auf und Ab der Pfunde, die kurze Freude über purzelnde Kilos, bevor der Jo-Jo-Effekt sie schließlich wiederbringt. Auch Nicole Staudinger hat seit ihrer Teenagerzeit kaum einen Abnehmtrend unversucht gelassen – ohne Erfolg. Erst als sie sich vom Diäthalten verabschiedete und sich dem Thema Ernährung mit Humor und Schlagfertigkeit näherte, verschwanden die Pfunde. Dauerhaft. Die unterhaltsame und aufschlussreiche Abnehmgeschichte von einer, die es geschafft hat.

»Man kann richtig was lernen von der Schlagfertigkeitsqueen! Sie ist auf der richtigen Seite, und das tut gut.«
Susanne Fröhlich

»Lustig, lebensnah und wahr.«
Süddeutsche Zeitung

MONIKA BITTL • SILKE NEUMAYER

ICH HATTE MICH JÜNGER IN ERINNERUNG

Lesebotox für die Frau ab 40

Morgens im Bad schaut uns aus dem Spiegel eine Frau an, die wir irgendwie jünger in Erinnerung hatten. Mittags huschen wir zum Optiker, um eine Lesebrille zu erstehen – die wir nur von unseren Omas kannten. Und abends im Biergarten ist plötzlich irgendetwas anders: Für die jüngeren Männer scheinen wir unsichtbar geworden zu sein.
Älterwerden ist scheußlich und wunderbar zugleich. Es kommt nur auf die Perspektive an! Man kann es tragisch sehen oder komisch. Monika Bittl und Silke Neumayer haben sich für den Humor entschieden und bekämpfen die kleinen Einbrüche mit den besten Waffen der Frauen: der Selbstironie und dem Lachen über sich selbst.

Ein augenzwinkerndes Buch über das Älterwerden – das perfekte Geschenk für die beste Freundin.

»Augenzwinkernd gehen die Autorinnen bleibende Falten an.«
Lea

»Die Autorinnen bekämpfen das Älterwerden mit Selbstironie statt mit Botox.«
Zeit für mich